商务韩语听说
（下）

李民 [韩]安硕柱 主编

何彤梅 主审

图书在版编目（CIP）数据

商务韩语听说（下）/ 李民，（韩）安硕柱主编. —北京：北京大学出版社，2010.10
（应用韩语系列）
ISBN 978-7-301-17936-9

Ⅰ. 商… Ⅱ. ①李…②安… Ⅲ. 商务—朝鲜语—听说教学—高等学校：技术学校—教材 Ⅳ. H599.4

中国版本图书馆 CIP 数据核字（2010）第 200648 号

书　　　名：	商务韩语听说（下）
著作责任者：	李民　〔韩〕安硕柱　主编
责 任 编 辑：	宣　瑄　ccxuan@hotmail.com
标 准 书 号：	ISBN 978-7-301-17936-9/H · 2672
出 版 发 行：	北京大学出版社
地　　　址：	北京市海淀区成府路 205 号　100871
网　　　址：	http://www.pup.cn
电　　　话：	邮购部 62752015　发行部 62750672　编辑部 62754149　出版部 62754962
电 子 邮 箱：	zbing@pup.pku.edu.cn
印　刷　者：	北京富生印刷厂
经　销　者：	新华书店
	787 毫米×1092 毫米　16 开本　10 印张　243 千字
	2010 年 10 月第 1 版　2010 年 10 月第 1 次印刷
定　　　价：	26.00 元（附光盘）

未经许可，不得以任何方式复制或抄袭本书之部分或全部内容。
版权所有，侵权必究　举报电话：010-62752024
电子邮箱：fd@pup.pku.edu.cn

目 录

제1과　신용장···1
第一课　信用证
제2과　품질···10
第二课　质量
제3과　환율···15
第三课　汇率
제4과　생산···20
第四课　生产
제5과　공장방문···24
第五课　拜访工厂
제6과　검품 및 포장··29
第六课　验货及包装
제7과　선적지시 및 통보··34
第七课　装船指示及通报
제8과　서류송부 및 통관··39
第八课　邮寄文件及通关
제9과　납기···45
第九课　交期
제10과　제품하자···50
第十课　产品瑕疵
제11과　클레임···55
第十一课　索赔

제12과　타협안 제시 ·· 60
第十二课　提出妥协意见
제13과　미수금회수 ·· 65
第十三课　催款
제14과　적화보험 ·· 71
第十四课　船货保险
제15과　전자상거래 ·· 78
第十五课　电子商务

答　　案 ·· 86
译　　文 ·· 110
听力资料 ·· 128
单　　词 ·· 149

제1과 신용장
第一课 信用证

첫째마당 第一部分

새 단어 新单词

조기 인도 （名）提前交货　　거래은행 （名）交易银行
주문명세서 （名）订货明细单　통지은행 （名）通知行
조건 （名）条件　　　　　　수정 （名）修改
상세히 （副）详细地　　　　분할 （名）分批
명시되다 （动）明确标记　　허용되다 （动）被允许
팩스 （名）传真　　　　　　금지하다 （动）禁止
통지 （名）通知　　　　　　실수를 하다 （词组）失误
이미 （副）已经

듣기연습 听力练习

1. 다음 질문에 답하십시오. 请回答下列问题。

　(1) 문장을 듣고 알맞은 말을 빈칸에 쓰십시오. 听句子，将正确答案写在空格处。

　　① 조기 인도를 원하시면 (　　　　　　　　　　) 최대한 빨리 보내 주십시오.

　　② 주문서를 참조해 주십시오. 거기에 모든 것이 (　　　　　　　　) 있으니까요.

　　③ 제품에 관한 (　　　　　　　　) 되어 있는데, 저희는 아직 아무런 통지를 못 받았습니다.

　　④ 계약서에는 (　　　　　　　　) 있는데 신용장엔 금지하는 걸로 되어 있습니다.

　　⑤ 가능한 한 (　　　　　　　　) 주시겠습니까?

(2) 제품의 조기인도를 하려면 신용장을 빨리 개설해야 하는 이유가 무엇입니까? 为什么要想提前交货必须尽快开立信用证?
① 수출자는 신용장이 개설되어야 은행에서 자금을 융자 받을 수 있고, 원자재 등을 구입하여 작업을 진행할 수 있기 때문이다.
② 신용장에 작업지시에 관한 내용이 명시되어 있기 때문이다.
③ 신용장이 도착되지 않으면 작업이 진행되지 않도록 법률로 지정되어 있기 때문이다
④ 신용장의 내용과 작업지시서의 내용이 반드시 일치되어야 하기 때문이다.

(3) 류주임은 신용장상에 어떤 조항을 수정해 달라고 했습니까? 柳主任请求修改信用证上的哪个条款?
① 취소가능신용장을 취소불능신용장으로 수정해 달라고 했습니다.
② 신용장 유효기간을 변경해 달라고 했습니다.
③ 분할 선적이 가능하도록 변경해 달라고 했습니다.
④ 양도가능신용장을 양도불능신용장으로 변경해 달라고 했습니다.

2. 회화연습 会话练习

다음 문장을 사용하여 아래 대화를 완성해 보세요. 使用给出的句子完成对话。

(1)

> 지금쯤이면 도착하다
> 통지은행에 연락하다
> 선적 일짜를 맞추다

A: 안부장님, 신용장을 이미 개설하셨습니까?
B: 네, 우리는 9월 20일에 신용장 개설 신청을 했습니다._____.
A: 저희는 아직 아무런 통보를 못 받았습니다.
B: 그러면,_____?
A: 예, 해 보겠습니다.
B: _____.

(2)

> 계약서와 다르다
> 분할 선적이 허용되다
> 수정하다

A: 안부장님, 신용장에 약간 문제가 생겼습니다.

제1과 신용장

B: 네?
A: _____.
B: 어떻게요?
A: _____.
B: 그렇다면 저희가 신용장 개설할 때 실수를 한 모양입니다.
A: 그럼, _____.

둘째마당 第二部分

새 단어 新单词

보증하다 （动） 保证	수익자 （名） 受益人
일치하다 （形） 一致	유감스럽다 （形） 遗憾
상업송장 （名） 商业发票	원부자재 （名） 原料、辅料
운송서류 （名） 运输单据	스케줄 （名） 日程
보험증서 （名） 保险单	불가피하다 （形） 不可避免的
유가증권 （名） 有价证券	최선을 다하다 （词组） 尽最大努力
안정성 （名） 安全性	지연 （名） 延迟
조항 （名） 条款	결재 （名） 批准
개설의뢰인 （名） 开设委托人	약속을 지키다 （词组） 遵守约定
수입지은행 （名） 开证行	

듣기연습 听力练习

1. 다음 질문에 답하십시오. 请回答下列问题。

  (1) 문장을 듣고 알맞은 말을 빈칸에 쓰십시오. 听句子，将正确答案写在空格处。

   ① 신용장이란 신용장 개설 은행이 수입 업자의 대금 지불을 (　　　　　　　　)이다.

   ② 미리 확인 서신을 보냈음에도 약속된 시간에 (　　　　　　　　) 유감스럽습니다.

   ③ 신용장 개설이 늦어짐에 따라 (　　　　　　　　) 불가피하게 되었습니다.

   ④ 신용장 개설 지연으로 인하여 (　　　　　　　　) 걱정입니다.

   ⑤ 귀국하시는 대로 결재를 받아 (　　　　　　　　) 조금만 기다려 주십시오.

(2) 신용장에 관한 설명으로 틀린 것을 고르세요. 选择有关信用证介绍错误的选项。
　① 수출업자가 상품을 선적한 후 신용장 조건에 일치하는 선적 서류를 은행에 제시하면 은행이 대금 지급을 약속하는 유가증권이다.
　② 국제간의 거래에서 신용장은 대금거래의 안정성을 보장한다.
　③ 신용장은 거래 당사자간의 계약서에 포함된 것이다.
　④ 신용장 당사자간의 특별 조항들을 명시하여 사전에 분쟁의 소지를 방지한다.

(3) 신용장의 당사자에 포함되지 않는 것을 고르세요. 选择不符合信用证当事人的选项。
　① 물품을 수입하는 수입상
　② 물품을 수출하는 수출상
　③ 신용장을 개설하는 개설은행
　④ 상품에 수출입을 담당하는 세관

2. 무역서신작성연습 撰写贸易信函

다음 문장을 사용하여 무역서신을 완성해 보세요 使用给出的句子完成贸易信函。

(1)
> 계약서번호-FW098030의 신용장개설을 요청
> 계약서를 받는 즉시 신용장을 개설하기로 약속함
> 신용장 개설

신용장 개설 독촉

저희는 9월 15일자 FAX를 통해서＿＿＿＿＿＿＿＿＿＿＿＿＿＿＿＿＿＿＿
＿＿＿＿＿＿＿＿＿＿＿＿＿＿＿＿＿＿＿.하지만 유감스럽게도 귀사로부터 아무런 답장도 받지 못했습니다.
귀사가 계약하였을 때＿＿＿＿＿＿＿＿＿＿＿＿＿＿＿＿＿＿＿＿＿＿＿
＿＿＿＿＿＿＿＿＿＿＿＿＿＿.화물이 준비된 후 상당한 시간이 지났으니 즉시
＿＿＿＿＿＿＿＿＿＿＿＿＿＿＿＿＿＿＿.

(2)
> 선적일이 계약서와 다름
> 수량,단가가 발주서 및 계약서와 다름
> 확인후 연락

제1과 신용장

신용장 수정 요청

귀사 신용장의 조항 중 아래 2가지는 계약서의 내용과 다릅니다.
(1) 신용장 조항상의＿＿＿＿＿＿＿＿＿＿＿＿＿＿＿＿＿＿＿＿＿＿.
(2) 품명 및＿＿＿＿＿＿＿＿＿＿＿＿＿＿＿＿＿＿＿＿.
　위의 두가지 사항을＿＿＿＿＿＿＿＿＿＿＿＿＿＿＿＿＿＿＿.
　이상입니다.

실전연습　实战练习

(1) 수출 물품에 관한 신용장을 개설하는 것에 대해서 바이어와 상담하세요. 同客户商谈出口商品开立信用证一事。

(2) 바이어가 개설해 준 신용장을 확인한 결과 신용장에 기재된 내용이 계약서와 다릅니다. 바이어와 연락해서 신용장 수정을 요청해 보세요. 客户开立的信用证经核实发现, 信用证上记载的内容同合同不符, 请同客户联系修改信用证。

(3) 다음 문장을 바탕으로 신용장 개설 요청 서신을 작성해 보세요. 在下文的基础上, 撰写要求开立信用证信函。

> 계약서 번호: FW-20090915에 대한 신용장 개설 준비가 다 되었는지 확인차로 연락
> 　자재 구입과 제품생산에 관한 스케줄 작성 및 생산준비를 다 마친 상태이므로 신용장을 받는 대로 바로 오더 진행
> 신용장 개설신청서를 팩스로 넣어 주시면 저희가 이상이 없는지 확인하겠음

● 신용장의 기능
매도인이 신용장에 의하여 선적상품에 대한 대금회수가 보장되며, 또한 선적과 동시에 대금지급을 받게 됨으로써 결제 지연으로 인한 금융상의 압박을 해소할 수 있다.

● 신용장거래의 과정
1 수출상과 수입상 거래양측이 계약체결을 한다.
2. 수입자는 거래은행에 신용장개설을 신청한다.
3. 개설은행은 신용장을 발행하여 수출자의 통지은행에 전신발송한다.

商务韩语听说（下）

4. 통지은행은 수출자에게 신용장 도착을 통지한다.
5. 신용장을 받은 수출자는 상품을 선적하고 신용장에서 요구하는 선적서류를 구비하여 매입은행에 가서 네고를 한다.
6. 매입은행은 서류와 교환하여 수출자에게 대금을 지급한다.
7. 매입은행은 개설은행에 서류를 송부하고 대금을 상환 청구한다.
8. 개설은행은 수입자에게 서류를 제시하고 대금지급을 요청한다.
9. 수입자는 개설은행에 수입대금을 지급하고 서류를 매입하고 화물이 도착하면 선박회사에 서류를 제시하고 화물을 인도받는다.

● 信用证的作用
卖方依据信用证可以保证装船货品回笼资金，而且在装船的同时收到货款，从而减少因结账推延而造成的资金上的窘迫。

● 信用证交易流程
1. 出口商和进口商双方缔结合同。
2. 进口商向银行申请开立信用证。
3. 开证行开立信用证并电汇给出口商的通知行。
4. 通知行通知出口商，信用证已开立。
5. 出口商收到信用证，装运货物，按照信用证要求准备装船单据，并提交给指定银行。
6. 该银行按信用证规定支付货款。
7. 指定银行将单据寄送给开证行，请求偿付货款。
8. 开证行向进口商提交单据，并要求其付款。
9. 进口商向开证行付款，拿到单据，待货物到达后，向船舶公司提交单据取货。

信用证通知书
NOTIFICATION OF DOCUMENTARY CREDIT

交通银行
BANK OF COMMUNICATIONS BEIJING BR

TO 到: BEIJING IMP. & EXP. CO., LTD.
ISSUING BANK 开证行: KOOKMIN BANK SEOUL

제1과 신용장

L/C NO。信用证号: MO6PP913NS20205
ISSUKNG DATE 开证日期: 2009/09/25
AMOUNT 信用证金额: USD280000.00

DEAR SIRS。
WE HAVE PLEASURE IN ADVISING YOU THAT WE HAVE RECEIVED FROM THE A/M BANK A (N) LETTER OF CREDIT。CONTENTS OF WHICH ARE AS PER ATTACHED SHEET (S) THIS ADVICE AND THE ATTACHED SHEET (S) MUST ACCOMPANY THE RELATIVE DOCUMENTS WHEN PRESENTED FOR NEGOTIATION

BASIG HEADER   F 01 BKCHCNBJA51D 1650 379254
APPL HEADER   CZNBKRSEXXX
                  + KOOKMIN BANK
                  + SEOUL
USER HEADER   BANK。PRIORITY 113:

────────ISSUE OF A DOCUMENTARY CREDIT────────

SEQUENCE OF TOTAL	*27: 1/1
FORM OF DOCUMENTARY CREDIT	*40: IRREVOCABLE TRANSFERABLE
DOCUMENTARY CREDIT NUMBER	*20: MO6PP913NS20205
DATE OF ISSUE	*31C: 090920 SEP.20,2009
DATE AND PLACE OF EXPIRY	*31D: 091031 OCT.31,2009 AT NEGOTIATING BANK
APPLICANT	*50: DAE HAN CO., LTD
BENIFICIARY	*59: BEIJING IMP. & EXP. CO., LTD
CURRENCY CODE,AMOUNT	*32B: USD280000.00
MAXIUM CREDIT AMOUNT	*39B: 03/03
AVAILABLE WITH…BY…	*41D: ANY BANK BY NEGOTIATION
DRAFTS AT…	*42C: AT SIGHT
DRAWEE	*42A: CZNBKRSE *KOOKMIN BANK

	* SEOUL
PARTIAL SHIPMENT	* 43P: ALLOWED
TRANSSHIPMENT	* 43T: ALLOWED
LOADING/DISPATCH/PACKING/FROM	* 44E: CHINA PORT
FOR TRANSPORTATION TO…	* 44F KOREA PORT
LATEST DATE OF SHIPMENT	* 44C: 091020 OCT. 20, 2009
DESCRPT OF GOODS/SERVICES	* 45A

+ ORIGIN:CHINA
+ ORDER NO. AN20090910 // STYLE NO: 09FWCT
  WOMEN'S COAT QTY: 10000PCS USD28.00/PCS
FOB CHINA
DOCUMENTS REQUIRED
 + FULL SET OF CLEAN ON BOARD OCEAN BILLS LADING AND TWO COPIES MADE OUT TO THE ORDER OF
KOOKMIN BANK OF KOREA,MARKED FREIGHT PREPAID AND NOTIFY APPLICANT
 + SIGNED COMMERCIAL INVOICE IN TRIPLICATE
 + PACKING LIST IN TRIPLICATE
 + CERTIFICATE OF ORIGIN OF CHINA IN TRIPLICATE
 + SIGNED INSPECTION OF CERTIFICATE
 + FULL SET OF INSURANCE POLCIES OR CERTIFICATES,INDORSED IN BLANK FOR 110PCT OF THE INVOICE
  VALUE EXPRESSLY STIPULATING THAT CLAIMS ARE PAYABLE IN KOREA AND IT MUST INCLUDE: INSTITUTE
  CRGO CLAUSE ALL RISKS INSTITUTE WAR CLAUSE AND INSTITUTE SRCC CLAUSE
ADDITIONAL CONDITIONS
  T/T REIMBURSEMENT IS NOT ALLOWED
  3 PCT MORE OR 3 PCT LESS IN QUANTITY AND AMOUNT ACCEPTABLE
CHARGES   * 71B: ALL BANKING CHANGES
                     OUTSIDE KOREA ARE FOR THE

	ACCOUNT OF THE BENEFICIARY
PERIOD FOR PRESENTATIONS	*48: DOCUMENTS TO BE PRESENTED
WITHIN 21	
	DAYS AFTER THE DATE OF SHIPMENT, BUT WITHIN THE VALIDITY OF THE CREDIT
CONFIRMATION INSTRUCTION	*49: WITHOUT
INSTRUCTION TO BANK	*78

+ THE AMOUNT OF EACH DRAWING MUST BE NOTED ON THE REVERSE OF THIS CREDIT BY NEGOTIATING BANK.
+ A FEE OF USD70.00 OR EQUIVALENT IS TO BE DEDUCTED FROM EACH DRAWING FOR THE ACCOUNT OF BENEFICIARY,IF DOCUMENTS ARE PRESENTED WITH DISCREPANCY(IES)
+ ALL DOCUMENTS MUST BE MAILED IN ONE LOT TO KOOKMIN BANK,NAKSUNGDAEYEOK CORPORATE BANKING BRANCH,1659-5 BONGCHEON 11(SIBIL)-DONG GWANAK-GU SEOUL KOREA
+ ON RECEIPT OF DOCUMENTS IN ORDER,WE SHALL REMIN THE PROCEEDS AS PER YOUR INSTRUCTIONS.

SENDEF TO RECEIVER INFO	*72: THIS CREDIT IS SUBJECT TO UCP OR DOC.CR.2008(REVISION)PUBLICATION 600.ICC

제2과 품질
第二课 质量

첫째마당 第一部分

새 단어 新单词

천 （名） 布	원단 （名） 面料
질기다 （形） 结实	표면 （名） 表面
이유 （名） 理由	특수 （名） 特殊
실 （名） 线	가공처리 （名） 加工处理
정선되다 （动） 被精挑细选	반들거리다 （形） 光滑
짜임 （名） 结构	동감 （名） 同感
통지 （名） 线	광택 （名） 光泽
꼬임상태 （名） 捻线状态	반들반들하다 （形） 光滑
촘촘하다 （形） 致密	천을 짜다 （词组） 织布
촉감 （名） 手感	공을 들이다 （词组） 付出心血
부드럽다 （形） 柔软	정교하다 （形） 精巧的

듣기연습 听力练习

1. 다음 질문에 답하십시오. 请回答下列问题。

(1) 문장을 듣고 알맞은 말을 빈칸에 쓰십시오. 听句子，将正确答案写在空格处。

① 한 가지 이유는 ( ) 선택했다는 점입니다.

② 원단 표면에 ( ) 다른 원단에 비해 촉감이 아주 부드럽습니다.

③ 이 천은 그런 면에서 ( ).

④ 자체 광택을 ( ) 반들반들해지지 않습니다.

⑤ 천을 짤 때 ( ) 광택이 나도록 했기 때문입니다.

제2과 품질

(2) 천의 품질에 대한 설명으로 틀린 것을 고르세요. 选择有关面料质量介绍错误的选项。

① 품질을 위하여 정선된 실이 사용되었다.
② 원사의 꼬임상태와 천의 짜임이 모두 매우 촘촘하다.
③ 수입품 원료를 사용하여 무게가 매우 가볍다.
④ 다른 원단에 비해 촉감이 아주 부드럽다.

(3) 천이 반들거리지 않는 이유는 무엇입니까? 为什么面料不会（磨得）发亮?

① 정성껏 천을 짜고 정교한 방법으로 광택이 나도록 했기 때문이다.
② 특수 소재를 이용하여 천을 짜기 때문이다.
③ 광택이 반들거리지 않도록 표면에 코팅 처리를 했기 때문이다.
④ 주원료로 천연소재를 사용했기 때문이다.

2. 회화연습 会话练习

다음 문장을 사용하여 아래 대화를 완성해 보세요. 使用给出的句子完成对话。

(1)

> 품질이 우수하다
> 무게가 가볍고, 휴대가 간편하다
> 가격이 저렴하다

A: 저희 제품은_____.
B: 예를 들면 어떤 측면에서 우수합니까?
A: 우선_____.
B: 그것은 귀사 제품의 강점이지요.
A: 게다가_____.
B: 저 역시 귀사 제품이 여러 면에서 좋다고 생각합니다.

(2)

> 흠집을 해결하다
> 지난번과 똑같은 상태이다
> 책임을 지다

A: 제품에 있었던_____.
B: 제가 그점에 신경을 쓰겠습니다. 저만 믿으세요.
A: _____, 저는 사장님께 혼납니다.

商务韩语听说（下）

B: 염려 마세요. 제가 언제 실망시켜 드린 적이 있습니까?
A: 예, 그런 적은 없지만 이번엔 정말 틀림없어야 합니다.
B: _____. 모든 걸 제게 맡기세요.

둘째마당 第二部分

새 단어　新单词

지배하다（动）支配	표준품매매（名）标准品买卖
요소（名）要素	석탄（名）煤炭
소비자（名）消费者	철강（名）钢铁
신뢰성（名）信赖性	통일되다（形）统一的
신용（名）信用	명세서매매（名）明细单买卖
평가되다（动）被评价	시점（名）时期
생산자（名）生产者	선적품질조건（名）装船质量条件
균형을 유지하다（词组）保持平衡	양륙품질조건（名）卸货质量条件
제조가공품（名）制作加工品	동의하다（形）同一的
실물（名）实物	검정기관（名）鉴定机关
견본매매（名）样品买卖	송부하다（动）邮寄
표준품（名）标准品	

듣기연습　听力练习

1. 다음 질문에 답하십시오. 请回答下列问题。

   (1) 문장을 듣고 알맞은 말을 빈칸에 쓰십시오. 听句子，将正确答案写在空格处。

   ① 품질은 가격과 함께 (　　　　　　　　　) 2대 요소입니다.

   ② 생산자는 (　　　　　　　　　) 상품의 품질관리에 노력해야 합니다.

   ③ 섬유 등 (　　　　　　　　　) 실물 견본을 보내서 상품의 품질을 결정하는 거래, 즉 견본 매매 거래방식을 사용합니다.

   ④ 선적 품질 조건은 (　　　　　　　　　) 받습니다.

   ⑤ 일반적으로 매도인의 책임은 (　　　　　　　　　) 선적 품질 조건이 적용됩니다.

   (2) 윗 글의 품질에 관한 내용과 다른 것을 고르세요. 选择同上文有关质量内容不一

제2과 품질

致的选项。
① 상품의 가격과 품질은 시장의 경제력을 결정하는 중요한 요소이다.
② 좋은 품질은 소비자에게 신뢰성을 주어 기업의 신용과 국가의 신뢰성을 높인다.
③ 생산자는 상품의 품질관리에 노력해야 한다.
④ 상품의 품질보다 기업의 이익이 중요하다.

(3) 품질을 결정하는 방법에 따른 거래방식으로 틀린 것을 고르세요. 根据决定质量的不同方法采取不同的交易方式, 请选择解释错误的选项。
① 실물견본을 보내서 상품의 품질을 결정하는 거래방식은 견본매매이다.
② 명세서를 근거로 품질조건을 결정하는 거래방식은 명세서매매이다.
③ 가격기준표를 근거로 품질조건을 결정하는 거래방식은 가격기준표매매이다.
④ 표준품을 가지고 품질을 결정하는 거래방식은 표준품매매이다.

2. 회화연습 会话练习

다음 문장을 사용하여 아래 대화를 완성해 보세요. 使用给出的句子完成对话。

(1)

> 품질조건
> 양륙품질조건
> 수입농산물은 재검사를 받다

A: 화물의_____?
B: 당사는 이번 수출건은 선적품질조건으로 하려고 합니다.
A: 이번에 저희가 수입해 가는 상품은_____.
B: 일반적으로 선적품질조건을 사용하지 않습니까?
A: 알고 있습니다. 하지만 저희 나라 세관 규정에 의하면_____
_____.
B: 그렇다면, 품질은 선적시에 검사하고 수량은 양륙시에 검사하기로 합시다.

(2)

> 견본 품질이 양호하다
> 가격과 비교하여 최고의 품질이다
> 품질은 견본과 같아야 하다

A: 찾고 있던 것을 모두 찾으셨습니까?
B: 예, 거의요._____.

商务韩语听说 （下）

A: 그 견본들은_____.
B: 하지만 앞전에 선적한 제품의 품질이 최초의 견본보다 좋지 못했습니다.
A: 죄송합니다. 앞으로는 제품의 품질이 견본과 동일할 것을 약속드립니다.
B: _____.그렇지 않으면 주문이 단절될지도 모릅니다.

실전연습 实战练习

(1) 회사 제품을 구입하려고 하는 바이어에게 제품의 품질에 대해 설명해 보세요. 请向打算购买公司产品的客户介绍产品质量。

(2) 의류를 생산가공하려고 하는데 어떤 품질 거래방식으로 하겠습니까? 그리고 그 이유는 무엇입니까? 打算加工一批服装，应该采用什么质量交易方式？原因是什么？

(3) 제품 품질의 중요성에 대해서 서로 이야기 나누어 보세요. 请谈谈产品质量的重要性。

제3과 환율
第三课 汇　率

첫째마당 第一部分

새 단어 新单词

원화 （名） 韩币	빌다 （动） 祈求
인민폐 （名） 人民币	금융위기 （名） 金融危机
가치 （名） 价值	파장 （名） 波及效果
오르다 （动） 上涨	심각하다 （形） 严重
소문 （名） 传闻	피하다 （动） 躲避
커다랗다 （形） 巨大的	지나치다 （形） 过分的
제발 （副） 千万	선 （依存） 界限

듣기연습 听力练习

1. 다음 질문에 답하십시오. 请回答下列问题。

   (1) 문장을 듣고 알맞은 말을 빈칸에 쓰십시오. 听句子，将正确答案写在空格处。

   ① 인민폐의 가치가 （　　　　　　） 사실입니까?
   ② 만일 가격이 오르면 （　　　　　　） 되시나요?
   ③ 미국의 금융위기의 파장이 （　　　　　　） 주고 있습니다.
   ④ 예, 그렇지 않으면 한국으로 （　　　　　　） 겁니다.
   ⑤ 이대로라면 전처럼 （　　　　　　） 힘들어집니다.

   (2) 원화에 대한 인민폐의 가치가 오를 것이라는 말은 어떤 뜻입니까? 人民币对韩元的价格会上涨，这句话是什么意思？
   ① 원화의 가치가 인민폐 가치에 비해 오른다.
   ② 원화의 가치가 인민폐 가치에 비해 떨어진다.

③ 달러의 환율이 오른다.
④ 환율의 변화가 없는 고정환율이다.

(3) 중국의 인민폐 가치가 요즘 계속 오르면 중국의 수출자는 어떻습니까? 如果中国的人民币价格持续上涨，那么中国的出口商会如何？
① 상품을 비싸게 더 많이 수출할 수 있게 된다.
② 상품의 가격이 비싸져서 수출하기가 어렵게 된다.
③ 대량의 제품 주문을 받을 수 있다.
④ 고객들이 점점 늘어난다.

2. 회화연습 会话练习

다음 문장을 사용하여 아래 대화를 완성해 보세요. 使用给出的句子完成对话。

(1)

> 인민폐의 가치가 오르다
> 결재문제가 어렵다
> 빌고 있다

김: 소문 들으셨어요?_____.
류: 사람들이 하는 얘기를 그대로 믿을 수는 없지요.
김: 그렇긴하지만,_____.
류: 아마 그냥 소문일 것 입니다. 너무 걱정 마세요.
김: _____.

(2)

> 달러 가치가 하락하다
> 수출이 어렵다
> 인민폐 평가 절상

류: 김과장님 생각은 어떠세요?_____?
김: 글쎄, 모르겠는데요. 그건 아무도 모르죠.
류: 제발 안 그랬으면 좋겠는데.
김: 왜 그렇지요?
류: _____.
김: 아, 알겠습니다. 중국의 _____.

제3과 환율

둘째마당 第二部分

새 단어 新单词

민감하다 （形）敏感
반응 （名）反应
일으키다 （动）引起
드물다 （形）罕见
부담을 가지다 （词组）有负担

당초 （名）当初
상승하다 （动）上升
비상이 걸리다 （词组）拉响橙色警报
수입선 （名）货源
돌리다 （动）扭转

듣기연습 听力练习

1. 다음 질문에 답하십시오. 请回答下列问题。

   (1) 문장을 듣고 알맞은 말을 빈칸에 쓰십시오. 听句子，将正确答案写在空格处。

   ① 환율만큼 (　　　　　　　　　　) 일으키는 요소도 드물 것입니다.

   ② 수출 가격이 올라 수출 물량이 점점 줄어들게 되어 (　　　　　　) 바라고 있습니다.

   ③ 중국을 떠나 다른 나라로 (　　　　　　　　　　) 늘어나고 있습니다.

   ④ 인민폐 가치 상승으로 인해서 (　　　　　　　　　　) 힘들어집니다.

   ⑤ 앞으로 (　　　　　　　　　　) 점점 어려워지기 때문입니다.

   (2) 인민폐의 가치가 상승하면 발생하는 문제점으로 맞는 것을 고르세요. 如果人民币价格持续上涨，会发生什么问题? 请选择正确的一项。

   ① 중국 수출 상품의 가격이 오르기 때문에 수입업자는 대금 결제에 어려움을 겪게 되고, 수출업자는 수출 물량이 점점 줄어들게 됩니다.

   ② 중국 수출 상품의 가격이 내려가기 때문에 수입업자는 더 많은 물량을 수입하고 수출업자의 수출 물량은 늘어납니다.

   ③ 외국의 원부자재를 싼 가격에 수입할 수 있어서 수출 상품의 가격을 내릴 수 있습니다.

   ④ 수출업자는 상품의 가격이 점점 올라가기 때문에 수출하는 상품의 경쟁력이 높아집니다.

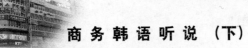

(3) 다음 용어 중 다른 뜻을 가진 용어를 고르세요. 请在下列用语当中选择意思不同的一项。

① 인민폐 평가 절상
② 인민폐 가치 상승
③ 달러 대비 인민폐 가격 상승
④ 달러 환율 상승

2. 회화연습 会话练习

다음 문장을 사용하여 아래 대화를 완성해 보세요. 使用给出的句子完成对话。

(1)

> 원화 가치가 떨어지다
> 수입 상품 대금 결제
> 수출 물량

A: 최근에_____.
B: 예, 그래요. 한국돈의 가치가 이전과 비교하여 정말 많이 떨어졌어요.
A: 지금 저희로서는_____.
B: 정말 어려운 입장이군요.
A: 이대로라면 앞으로 중국에서 대량의 물품을 수입해 오기가 점점 어렵습니다.
B: 한국으로의_____.

(2)

> 한국 상품가격
> 한국돈 가치
> 한국 상품

A: _____?
B: 환율때문입니다. 최근에 환율이 크게 상승했거든요.
A: 그 말은 달러에 비해_____.
B: 맞습니다. 그래서 최근에 한국 상품 가격이 이전보다 많이 싸진 겁니다.
A: 그렇다면 한국 상품이 가격 경쟁력이 있으니 이전보다 많이 수입해야겠군요.
B: 그래요. 지금_____할 수 있습니다.

제3과 환율

실전연습 实战练习

(1) 달러 환율 상승, 달러 환율 하락, 인민폐 평가 절상, 인민폐 평가 절하의 용어에 대해 설명해 보세요. 请分别解释美元汇率上涨、美元汇率下跌、人民币价格上涨、人民币价格下跌的意思。

(2) 인민폐 가치가 상승한다고 합니다. 회사 상품을 수입하는 한국의 바이어와 이 문제에 대해 이야기를 나누어 보세요. 听说人民币价格上涨, 同进口本公司产品的韩国客户就这一问题进行谈话。

(3) 원화에 대한 인민폐의 가치 상승, 즉 인민폐의 가치가 오르면 중국 상품을 수출하는 업자와 수입하는 업자에게 어떤 영향을 주는지에 대해 이야기 나누어 보세요. 请谈谈人民币对韩元的汇率上涨, 即人民币价格上涨的话, 对于进出口中国商品的人员来说会产生什么样的影响。

제4과 생산
第四课 生产

첫째마당 第一部分

새 단어 新单词

시즌 (名) 季节	서두르다 (动) 抓紧
대비하다 (动) 为……做准备	여유 (名) 宽绰
기대를 걸다 (词组) 期待	추천하다 (动) 推荐
완료되다 (动) 完成	수준 (名) 水平
늦어도 (副) 最迟	할당하다 (动) 分配
무리 (名) 勉强	

듣기연습 听力练习

1. 다음 질문에 답하십시오. 请回答下列问题。

(1) 문장을 듣고 알맞은 말을 빈칸에 쓰십시오. 听句子，将正确答案写在空格处。

① 저희는 (　　　　　　　　　) 그 제품에 기대를 걸고 있습니다.

② 일이 요즘처럼만 되어 가면 (　　　　　　　　　) 것입니다.

③ 서둘러 공장과 연락하겠습니다. (　　　　　　　　　), 최선을 다해 보겠습니다.

④ 죄송하지만 (　　　　　　　　　). 현재 공장이 다른 주문들로 너무 바빠 조금도 여유가 없습니다.

⑤ 그 공장만으로는 (　　　　　　　　　) 귀사가 이 일을 맡아서 해 주셨으면 합니다.

(2) 윗글의 내용과 다른 것을 고르세요. 选择与上文内容不一致的选项。

① 김과장은 겨울 시즌을 대비하여 생산 제품에 기대를 걸고 있다.

② 류주임은 생산 속도를 감안해서 늦어도 11월까지는 생산이 완료될 것이라고 한다.

③ 김과장은 제품 생산이 아무리 늦어도 10월 말까지는 다 되어야 한다.

④ 류주임은 생산 공장과 확인한 후 10월 말까지는 제품 생산이 불가능하다고 말한다.

(3) 류주임은 왜 추가 주문을 받을 수 없다고 말했습니까? 柳主任为什么说不能再接订单?

① 상품 주문 가격이 너무 낮기 때문이다.

② 원자재를 적기에 구입할 수 없기 때문이다.

③ 현재 공장이 다른 주문들로 너무 바쁘기 때문이다.

④ 환율이 많이 떨어졌기 때문이다.

2. 회화연습 会话练习

다음 문장을 사용하여 아래 대화를 완성해 보세요. 使用给出的句子完成对话。

(1)

> 11월에 완료되다
> 무리가 따르다
> 장담 못하다

A: 김과장님, 우리 회사가 주문에 놓은 제품이 언제쯤 완료될 것 같습니까?

B: _____.

A: 안 됩니다. 늦어도 10월까지는 되어야 합니다.

B: _____.

A: 그래서 강과장님께서 좀 서둘러 주십시오.

B: _____,최선을 다해 보겠습니다.

(2)

> 받아들일 수 없다.
> 여유가 없다
> 전화번호와 팩스번호

A: 김경리, 저희는 5000미터를 당장 주문하고 싶습니다.

B: 죄송합니다._____.

A: 왜 그렇지요?

B: _____.

A: 그래요? 귀사가 추천할 만한 다른 회사가 없습니까?

B: 부원방직에 한번 연락해 보세요._____.

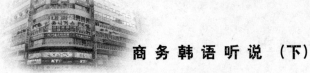

商务韩语听说（下）

둘째마당 第二部分

새 단어 新单词

겨냥하다 （动）瞄准	어쩔 수 없이 （副）无可奈何
독촉하다 （动）督促	급히 （副）急匆匆地
일정하다 （形）固定	애로사항 （名）苦衷、困难
폭주하다 （动）骤增	우선시되다 （动）放在首位
주문량 （名）订货量	

듣기연습 听力练习

1. 다음 질문에 답하십시오. 请回答下列问题。

   (1) 문장을 듣고 알맞은 말을 빈칸에 쓰십시오. 听句子，将正确答案写在空格处。

   ① 납기에 차질이 없기를 바라며 (　　　　　　　　　　) 봅니다.

   ② 확인 결과 10월에 선적되어야 할 제품이 (　　　　　　　　　　) 합니다.

   ③ 이에 대해 김과장은 류주임에게 (　　　　　　　　　　) 합니다.

   ④ 주문이란 (　　　　　　　　　　) 때로는 폭주하는 경우도 많습니다.

   ⑤ 납기일을 지킬 수가 없기 때문에 (　　　　　　　　　　) 없습니다.

   (2) 삼안복장에서 작업을 할 수 없게 된 김과장은 추가 주문 제품을 어떻게 했습니까? 三安服装不能加工，金科长将追加的订货如何处理？

   ① 소개 받은 다른 회사에 연락하여 일을 부탁했습니다.

   ② 추가 주문 제품의 생산을 취소했습니다.

   ③ 납기를 뒤로 늦추고 삼안복장에서 생산하기로 했습니다.

   ④ 금년에는 생산을 안 하고 다음년도에 생산하기로 했습니다.

   (3) 생산 과정에서 일어나는 애로사항으로 맞지 않는 것을 고르세요. 选择同生产过程中出现的问题不一致的选项。

   ① 주문서대로 제품이 만들어지지 않고 다르게 만들어져서 제품을 수정하는 문제

   ② 상품이 팔리지 않아서 상품 재고가 늘어나는 문제

   ③ 원부자재가 제 날짜에 도착하지 않아서 생산에 차질이 발생되는 문제

제4과 생산

④ 주문이 폭주하여 납기를 제 날짜에 맞출 수 없는 경우에 생기는 문제

2. 회화연습 会话练习

다음 문장을 사용하여 아래 대화를 완성해 보세요. 使用给出的句子完成对话.

(1)

```
귀사에게 일을 맡기다
믿을 수 있다
맡기다
```

A: 왕경리님, 우리는 이 작업을 삼안복장에 할당했습니다만, 거기는 그 일을 다 해낼 수가 없습니다.＿＿＿＿＿＿＿＿＿＿＿＿＿＿＿＿＿＿＿？

B: 네, 좋습니다.

A: ＿＿＿＿＿＿＿＿＿＿＿＿＿＿＿＿＿＿＿＿＿＿＿＿＿＿＿＿.

B: 감사합니다. 그러나, 삼안방직과 세부사항을 해결하여야 합니다.

A: 걱정하지 마시고,＿＿＿＿＿＿＿＿＿＿＿＿＿＿＿＿＿＿＿＿＿.

(2)

```
불가피하다
품질 이상이 없다
진행하다
```

A: 안부장님, 삼안복장에서는 주문량이 너무 많아서 제품을 다 해낼 수가 없습니다.＿＿＿＿＿＿＿＿＿＿＿＿＿＿＿＿＿＿＿＿＿＿＿.

B: 그렇습니까?＿＿＿＿＿＿＿＿＿＿＿＿＿＿＿＿＿＿＿＿＿＿？

A: 네, 거기는 믿을 수 있습니다.

B: ＿＿＿＿＿＿＿＿＿＿＿＿＿＿＿＿＿＿＿＿＿＿＿＿＿＿＿.

A: 네, 알겠습니다.

실전연습 实战练习

(1) 바이어와 주문 상품의 생산 과정과 완성품 납기에 대해서 이야기를 나눠 보세요. 同客户关于订货商品的生产过程和成品交期进行商谈.

(2) 바이어가 추가 주문을 하려고 하는데, 지금 공장 작업이 너무 바빠서 여유가 없습니다. 추가 주문 받은 제품을 하도급 진행하는 것에 관해서 바이어와 상의해 보세요 客户打算增加订货, 但现在工厂工作繁忙, 请同客户商议将增加的订单外包加工.

제5과 공장방문
第五课 拜访工厂

첫째마당 第一部分

새 단어 新单词

굴뚝 (名) 烟囱	울퉁불퉁하다 (形) 坑坑洼洼
교차로 (名) 交叉路	검품하다 (动) 验货
돌다 (动) 转弯	의문 (名) 疑问
정문 (名) 正门	얼른 (副) 马上

듣기연습 听力练习

1. 다음 질문에 답하십시오. 请回答下列问题。

   (1) 문장을 듣고 알맞은 말을 빈칸에 쓰십시오. 听句子，将正确答案写在空格处。

   ① 제가 (　　　　　　　　　　) 준비해 놓겠습니다.
   ② 좋아요, 그러면 1시까지 공항으로 (　　　　　　　　　　).
   ③ 저 (　　　　　　　　　　) 바로 회사 정문이 나올 것입니다.
   ④ 오늘 (　　　　　　　　　　) 손 선생님이 해 주실 겁니다.
   ⑤ 제품에 (　　　　　　　　　　) 있으시다면 그분에게 물어보시면 됩니다.

   (2) 김과장이 이번에 중국으로 출장을 오는 목적은 무엇입니까? 金科长此次去中国出差的目的是?

   ① 신규 제품에 관한 오더 상담을 하기 위해서 온다.
   ② 공장을 방문하여 생산된 제품을 살펴보기 위해서 온다.
   ③ 무역박람회에 참관하기 위해서 온다.
   ④ 신규 제품의 시장 개척을 위해 시장 조사하기 위해 온다.

제5과 공장방문

(3) 김과장은 공장에 도착해서 왜 손선생님을 만납니까? 金科长到达工厂后，为什么同孙先生见面？

① 생산 진행 중인 제품에 기술상의 어떤 문제가 있을시에 상의하기 위해서입니다.
② 수출된 제품에서 기술적 결함이 발생하여서 그분과 상의하려고 합니다.
③ 신규 오더에 관한 가격을 상담하기 위해서 만납니다.
④ 견본 제품에 관한 상세한 사항을 알기 위해서 만납니다.

2. 회화연습 会话练习

다음 문장을 사용하여 아래 대화를 완성해 보세요. 使用给出的句子完成对话。

(1)

> 북경으로 떠나다
> 차를 준비하다
> 1시 공항 도착

A: 강과장님,_____.
B: 언제쯤 오실 겁니까?
A: 모레 금요일에 떠납니다.
B: 네, 알겠습니다._____.
   몇시에 도착할 겁니까?
A: _____.
B: 네, 알겠습니다.

(2)

> 바로 회사에 도착
> 손선생을 만나다
> 공장 안내

A: 다 왔습니까?
B: _____.
A: 정말 편하게 왔습니다. 어디서부터 시작할까요?
B: _____.
A: 손선생님이라뇨?
B: _____.
A: 그래요? 얼른 만나뵙고 싶군요.

商务韩语听说（下）

둘째마당 第二部分

새 단어　新单词

사양 （名） 式样	계획을 잡다 （词组） 制定计划
요구사항 （名） 要求事项	일정 （名） 日程
정하다 （动） 定	통보하다 （动） 通报
적 （依存） 时候	선명 （名） 船名
최종 （名） 最终	맞추다 （动） 按照
단계 （名） 阶段	별도로 （副） 另行
전량 （名） 全部产量	해운 （名） 海运
마무리되다 （动） 被结束	신경을 쓰다 （词组） 费心思

듣기연습　听力练习

1. 다음 질문에 답하십시오. 请回答下列问题。

   (1) 문장을 듣고 알맞은 말을 빈칸에 쓰십시오. 听句子，将正确答案写在空格处。

   ① 제품 생산 과정 중에 바이어는 (　　　　　　　　) 하게 됩니다.

   ② 완성된 제품은 선적 전에 바이어의 최종 검품을 받게 되며 (　　　　　　　　) 하게 됩니다.

   ③ 생산 스케줄에 따라 (　　　　　　　　) 검사 일정이 잡히는 대로 통보해 주십시오.

   ④ 신용장에 규정된 (　　　　　　　　) 협조 바랍니다.

   ⑤ 상세한 (　　　　　　　　) 예약되는 대로 별도로 통보 드리겠습니다.

   (2) 제품 생산 과정 중에 바이어가 공장을 방문하는 주요한 목적은 무엇입니까? 产品生产过程中，客户拜访工厂的主要目的是?

   ① 선적 일자를 정하기 위해서이다.
   ② 제품의 품질이나 사양이 바이어의 요구사항에 맞게 진행되는지를 확인하기 위해서이다.
   ③ 생산을 위한 오더 상담을 하기 위해서이다.
   ④ 대금 결제를 하기 위해서이다.

제5과 공장방문

(3) 위 협조 요청 서신과 회신에 관련된 내용이 아닌 것을 고르세요. 选择同上文要求协助信函和回信内容不一致的选项。
   ① 제품 검사 일정 통보
   ② 선적에 관한 요구사항 및 선명 통보
   ③ 출장 스케줄 통보
   ④ 대금 결제 일자 통보.

2. 무역서신작성연습 撰写贸易信函

다음 문장을 사용하여 무역 서신을 완성해 보세요. 使用给出的句子完成贸易信函。

(1)
> 일주일 후 완성되다
> 검사 일정 통보
> 최선을 다하다

수고 많으십니다.
스타일 번호:FW001 5000PCS생산이 거의 완료되었습니다. 현재 완성 단계에 있는데 앞으로_____.이에 제품 검사 계획을 잡으시고_____.
　약속한 선적 일자대로 이에 협조 바랍니다._____
_____.
감사합니다.

(2)
> 월요일에 제품 검사
> 의문사항
> 품질

수고가 많으십니다.
　다음주_____잡았습니다. 상세한 출장 스케줄은 비행기표가 예약되는 대로 별도로 통보 드리겠습니다.
　선적건에 관해서는 **해운에 연락을 해 놓았습니다._____
_____.
연락을 주십시오.

바랍니다.
이상입니다.

실전연습 实战练习

(1) 다음 주에 바이어가 오기로 되어 있습니다. 시간과 차편및 공장 방문에 대해서 이야기를 나누세요. 下周客户将要来访，请同客户商量时间、车辆以及访问工厂事宜。

(2) 바이어에게 생산 현황에 대해 이야기 하고, 검품 일정 및 완성품 선적에 관해서 이야기 해 보세요. 同客户谈论生产状况、验货日程以及成品装船事宜。

제6과　검품 및 포장
第六课　验货及包装

첫째마당　第一部分

새 단어　新单词

이리 （副） 这边	카톤 （量） 纸箱
보고서 （名） 报告	완성품 （名） 成品
까다롭다 （形） 挑剔	오염되다 （动） 被污染
결함 （名） 缺陷	훼손되다 （动） 受损
불량품 （名） 次品	비용 （名） 费用
규정하다 （动） 规定	부담하다 （动） 负担、承担
전혀 （副） 完全	

듣기연습　听力练习

1. 다음 질문에 답하십시오. 请回答下列问题。

   (1) 문장을 듣고 알맞은 말을 빈칸에 쓰십시오. 听句子，将正确答案写在空格处。

   ① 선적 서류를 다 갖추려면 (　　　　　　　)알고 있는데요.
   ② 아주 작은 결함만 있어도 (　　　　　　　)하신다니까요.
   ③ 작업 (　　　　　)문제는 전혀 없게 될 겁니다.
   ④ 물건이 완전한 상태로 (　　　　　　　)확실히 해 두고 싶습니다.
   ⑤ 그 문제도 염려 마세요. (　　　　　　　)꼭 해 드리겠습니다.

   (2) 최종 검품을 하기로 한 박대리의 검품 작업은 어떻다고 합니까? 朴代理进行最终验货工作如何?

   ① 아주 작은 결함만 있어도 불량품으로 규정해서 매우 까다롭다.

② 옷 전량을 검품하지 않고 샘플로 몇 장만을 검품한다.
③ 큰 문제가 없으면 작은 결함들은 그냥 넘어간다.
④ 검품을 직접 하는 것이 아니라 직원들을 시켜서 한다.

(3) 완성품의 추가 포장에 관한 내용 중 틀린 것을 고르세요. 选择同成品额外包装不一致的选项。
① 오염되거나 훼손되지 않기 위해 추가 포장을 한다.
② 물건이 완전한 상태로 안전하게 도착할 수 있도록 추가 포장을 한다.
③ 류주임은 특별 포장을 꼭 해 주겠다고 약속했다.
④ 추가 포장에 드는 비용은 박대리측에서 부담하기로 했다.

2. 회화연습 会话练习

다음 문장을 사용하여 아래 대화를 완성해 보세요. 使用给出的句子完成对话。

(1)

```
최종 검품
생산이 완료되다
작업지시서
```

A: _____?
B: 박차장이 할 겁니다.
A: 박차장이 언제 이 쪽으로 오실 겁니까?
B: _____.
A: 박차장은 까다롭지 않으세요?
B: 그렇지 않습니다. _____.

(2)

```
주문이 모두 200카톤이다
확인하다
불량품 2카톤이 줄다
```

A: 류주임님, _____?
B: 예, 그런 걸로 알고 있는데요.
A: 그렇다면 2카톤이 부족합니다. 모두 198카톤입니다.
B: 정말입니까? _____.
A: 그렇게 해 주세요.
B: 박대리님 말씀이 맞습니다. 검품 과정에서_____

제6과 검품 및 포장

둘째마당 第二部分

새 단어 新单词

합격 (名) 合格	파손 (名) 破损
수량 (名) 数量	향상시키다 (动) 使……提高
약간 (名) 略微	화물 (名) 货物
과부족 (名) 溢短	구분하다 (动) 区分
과부족용인조건 (名) 溢短装条款	겉면 (名) 表面
약정하다 (动) 约定	기호 (名) 记号
정산하다 (动) 清算	포장마크 (名) 唛头
도중 (名) 途中	하인 (名) 标志
외부 (名) 外部	하역 (名) 装卸
충격 (名) 冲击、冲撞	수화인 (名) 收货人
습기 (名) 潮气	대조하다 (动) 对照

듣기연습 听力练习

1. 다음 질문에 답하십시오. 请回答下列问题。

   (1) 문장을 듣고 알맞은 말을 빈칸에 쓰십시오. 听句子, 将正确答案写在空格处。

   ① 최종 검품자의 (　　　　　　　　) 물품 수출 후 대금 지급이 가능한 조항도 들어갈 수 있습니다.

   ② 완제품의 수량은 계약서와 (　　　　　　　　) 발생할 수 있다.

   ③ 수출용 제품은 운송 도중 외부의 충격이나 습기 등으로 인한 (　　　　　　　　) 제품 포장이 중요합니다.

   ④ 포장은 (　　　　　　　　) 운송을 편리하게 해 줍니다.

   ⑤ 운송 도중 하역 작업 중에서 어느 화물이 수화인의 것인가를 (　　　　　　　　) 해 줍니다.

   (2) 과부족용인조건이 아닌 것은 무엇입니까? 不符合溢短装条款的选项。

   ① 완제품의 수량과 계약서 수량 사이에 일정한 과부족이 발생되어도 계약가격으로 정산하면 된다.

   ② 계약서상에 5% MORE OR LESS AT SELLER'S OPTION처럼 표기한다.

③ 계약시 수량 앞에 ABOUT 또는 CIRCA등의 문자를 붙이는 경우 10%를 초과하지 않는 과부족을 허용한다.
④ 농산물 등의 거래에만 사용되고 다른 품목에서는 사용되지 않는다.

(3) 다른 화물과 구분하기 위해서 포장 겉면에 특정의 기호나 표시를 하는데 이를 무엇이라고 합니까? 为了同其他货物区别开来, 在包装表面通常要做一些记号或标记, 叫做什么?
① 하인(SHIPPING MARK)
② 주마크
③ 부마크
④ 주의마크

2. 회화연습 会话练习

다음 문장을 사용하여 아래 대화를 완성해 보세요. 使用给出的句子完成对话。

(1)

> 포장
> 구매자의 시선을 끌다
> 마음에 들다

A: 이번에 주문한 상품은_____.
B: 포장해 대해 특별한 요구 사항이 있으십니까?
A: 특별한 요구는 없지만_____.
B: 좋은 도안을 고안하여 맵시 있고 들기 편하도록 포장하겠습니다.
A: 손님들이_____.
B: 저 역시 똑 같은 마음입니다.

(2)

> 종이 상자는 운반이 쉽다
> 파손이 걱정되다
> 포장 비용이 많이 들다

A: _____.그리고 종이 상자는 무거운 물건과 함께 쌓지 않습니다.
B: 종이 상자에 어떤 보강 조치를 합니까?
A: 플라스틱 끈으로 보강합니다.

제6과 검품 및 포장

B: _____.종이 상자대신 나무 상자로 바꾸어 줄 수 없을까요?

A: 정 그러시면 나무 상자를 사용할 수도 있습니다._____.

B: 그렇다면 포장은 종이 상자를 사용하고 FULL 컨테이너를 사용하도록 합시다.

실전연습 实战练习

(1) 회사에 상품을 검품하러 바이어가 올 예정입니다. 검품을 어떻게 받을 것인가에 대해서 바이어와 대화를 나누어 보세요. 客户将要到工厂验货, 同客户商议具体验货事项。

(2) 검품보고서, 과부족용인조건, 하인의 용어에 대해 설명해 보세요. 请解释验货报告、溢短装条款、标志的意思。

제7과 선적지시 및 통보
第七课 装船指示及通报

첫째마당 第一部分

새 단어 新单词

선사 (名) 轮船公司	불규칙적이다 (形) 不规则的
인천항 (名) 仁川港	출항하다 (动) 出航
해운동맹 (名) 海运同盟	선편 (名) 船次
가입하다 (动) 加入	예정 (名) 预定
비해운동맹선사 (名) 非海运同盟轮船公司	선복 (名) 舱位
차이 (名) 差别	수배하다 (动) 配
선임 (名) 运费	~발 (依存) 出发
운행 (名) 运航	컨테이너선 (名) 集装箱货轮
정기적이다 (形) 定期的	직항선 (名) 直航线

듣기연습 听力练习

1. 다음 질문에 답하십시오. 请回答下列问题。

   (1) 문장을 듣고 알맞은 말을 빈칸에 쓰십시오. 听句子，将正确答案写在空格处。

   ① A는 (　　　　　　　　　) B는 비해운동맹선사입니다.
   ② 동맹선은 선임이 좀 더 비싸긴 한데 (　　　　　　　　　).
   ③ 다음 번에 출항하는 (　　　　　　　　　) 합시다.
   ④ 제품의 (　　　　　　　) 10월 30일에 예정대로 선적합니다.
   ⑤ 40'(　　　　　　　) 됐습니다.

   (2) 정기선에 대한 설명으로 틀린 것은 무엇입니까? 请选择同定期船介绍不一致的选项。

   ① 운항 계획표가 정해져 있다.

제7과 선적지시 및 통보

② 청도---부산 등 노선과 항구가 고정되어 있다.
③ 운임은 사용 시기에 따라 달라진다.
④ 국제간 화물 운송 방법으로 많이 사용된다.

(3) 류주임이 통보한 선적 내용과 다른 것을 고르세요. 请选择同柳主任通报的装船内容不一致的选项。

① 선적일자는 10월30일이고, 출발항은 천진항이다.
② 선편은 SEALAND회사의 'GOLDEN VOYAGE' 이다.
③ 40'컨테이너선을 수배했다.
④ 비정기선이고 도착항은 부산항이다.

2. 회화연습 会话练习

다음 문장을 사용하여 아래 대화를 완성해 보세요. 使用给出的句子完成对话。

(1)

```
1주일
직항선이 없다
선적시 문제
```

A: 선적품이 도착하는 데 얼마나 오래 걸릴까요?
B: _____.
A: 왜 그렇게 오래 걸리지요?
B: _____경유하는 배에 선적하였습니다.
A: _____.
B: 다음 달부터 직항선이 생긴다고 합니다.

(2)

```
선사를 정하다
일주일에 3번
금요일 출항
```

A: 선적은_____?
B: A선사가 제일 좋습니다. 그 쪽이 제일 빠른 것으로 알고 있습니다.
A: 배는 일주일에 몇 번 있습니까?
B: 월,수,금 이렇게_____.
A: 완제품을 언제 선적하실 수 있습니까?
B: 이번주_____.

商务韩语听说（下）

둘째마당 第二部分

새 단어 新单词

포워딩업체（名）货代公司	철도운송（名）铁路运输
운송대행사（名）货运代理公司	항공운송（名）航空运输
용선（名）用船	복합운송（名）国际多式联运
부킹（名）订船	속도（名）速度
해상운송（名）海上运输	스페이스（名）空间、舱位

듣기연습 听力练习

1. 다음 질문에 답하십시오. 请回答下列问题。

   (1) 문장을 듣고 알맞은 말을 빈칸에 쓰십시오. 听句子，将正确答案写在空格处。

   ① 바이어에게 (　　　　　　　　　　) 통보합니다.
   ② 국제간의 (　　　　　　　　　　) 컨테이너를 사용합니다.
   ③ 귀사가 지정하신 (　　　　　　　　　) 이미 스페이스를 잡았습니다.
   ④ 계약대로 (　　　　　　　　　) 하겠습니다. 운임은 귀사와 이미 합의되었다고 합니다.
   ⑤ 목요일 오전 열시에 (　　　　　　　　　) 컨테이너 작업을 하기로 하였습니다.

   (2) 수출 화물 선적과 관련하여 무역 담당자가 준비해야 할 사항이 아닌 것을 고르세요. 关于出口货物装船贸易负责人需要做哪些准备，选择不一致的选项。

   ① 포워딩 업체에 연락하여 용선과 부킹을 한다.
   ② 세관에 수출 통관 수속을 한다.
   ③ 바이어에게 선적과 관련된 내용을 통보한다.
   ④ 화물이 선적되었다는 서류를 발급한다.

   (3) 국제 화물 운송 방식으로 틀린 것을 고르세요. 选择同国际货物运输方式不一致的选项。

   ① 대륙간의 국제 화물 운송 방식으로는 철로를 이용한 철도 운송을 이용한다.
   ② 바다를 사이에 둔 나라간 운송 방식에는 해상 운송을 이용한다.
   ③ 급한 화물이거나 소규모 화물일 경우에는 항공 운송을 이용한다.

제7과 선적지시 및 통보

④ 컨테이너 운송 방식에서 LCL은 컨테이너 전체를 사용하는 것을 말한다.

2. 무역서신작성연습 撰写贸易信函

다음 문장을 사용하여 무역 서신을 완성해 보세요. 使用给出的句子完成贸易信函。

(1)

> 선적지시
> ○○해운 천진 지사에 문의하다
> 선적에 차질이 없다

안녕하십니까?
_____.
다음주 금요일 천진==부산 배편이며 화물이 도착하면 부산에서 다시 검품을 받아야 합니다. 이미 부킹을 했으니_____
_____.
작업을 빨리 마무리하셔서_____.
수고하십시오.

(2)

> 오더 진행에 수고하다
> 배편과 스페이스 예약하다
> 품질에 신경쓰다

_____.
제품 생산이 완료되는 시점에 맞춰서 제품 검사를 하도록 스케줄을 잡았습니다.
선적건에 관해서는 ○○해운에 이미 연락을 취해 놓은 상태입니다._____
_____.
직접 ○○해운에 연락하셔서 선적에 관한 사항을 전달 받으시기 바랍니다.
_____.
수고하십시오.

商务韩语听说（下）

실전연습 实战练习

(1) 제품 선적과 관련해서 실무자가 준비해야 할 사항에 관해 이야기 나눠 보세요. 请谈谈产品装船时，贸易负责人应该做哪些准备。

(2) 바이어에게 제품 선적에 관해서 포워딩 회사에 연락하여 배편 및 컨테이너 부킹 하였고 제품 선적을 언제 한다는 내용의 무역 서신을 작성해 보세요. 请向客户撰写贸易信函，谈论关于产品装船，联系货代公司，商议船次、订集装箱以及装船时间。

컨테이너

컨테이너는 일정한 강도, 규격을 가지고 화물의 운송에만 전문적으로 사용되는 대형 화물 운송 용기다. 컨테이너로 화물을 운반하면 화물발송인의 창고에서 직접 물품을 선적하고 운반 후 수화인의 창고에 화물을 내릴 수 있다. 운송 중간에 차량이나 배를 바꿀 때에도 화물을 컨테이너 안에서 빼낼 필요가 없다. 규격상으로 현재 국제적으로 자주 사용하는 것으로는 20피트, 40피트, 40피트HQ, 그리고 45피트 컨테이너가 있고, 용도상으로는 드라이컨테이너, 냉동컨테이너, 행거컨테이너 등이 자주 사용된다.

集装箱

集装箱是具有一定的强度、规格，专门用于运送货物的大型货物运输容器。采用集装箱运输货物，可以在发货人的仓库中直接装运货物，并在收货人的仓库中卸货。在运输途中即便需要换车或换船，也无须将货物从集装箱中取出。从集装箱的规格上来分，现在国际上经常使用的是20英尺、40英尺、40英尺HQ，以及45英尺箱，从用途上通常可以分为干货箱、冷藏箱、板架箱等。

제8과   서류송부 및 통관
第八课   邮寄文件及通关

첫째마당 第一部分

새 단어 新单词

지체되다 （动） 被推迟	착오 （名） 差错
세관 （名） 海关	젊다 （形） 年轻
묶이다 （动） 被搁置	혼동을 하다 （词组） 混淆
기재되다 （动） 被记载	통관 （名） 通关
황당하다 （形） 荒唐	즉시 （副） 立即、马上

듣기연습 听力练习

1. 다음 질문에 답하십시오. 请回答下列问题。

    (1) 문장을 듣고 알맞은 말을 빈칸에 쓰십시오. 听句子，将正确答案写在空格处。

    ① 저희가 (   ) 아직 못 받으셨다면서요?

    ② 제가 (   ) 점검했었는데 모든 것이 문제가 없는 것 같았는데요.

    ③ 송장 SA-34675을 보니까 실제 사실과 다르게 (   ) 있었습니다.

    ④ 새로 들어온 젊은 사무원 중의 한 명이 (   ) 한 겁니다.

    ⑤ 지금 (   ) 있습니다. 작성 즉시로 바로 보내 드리겠습니다.

    (2) 김과장이 2차로 선적한 물품을 아직까지 못 받은 이유는 무엇입니까? 第二批装船的货物金科长为什么至今没有收到?

    ① 화물을 선적한 배가 아직 도착하지 않았다.

39

② 서류가 제대로 갖춰지지 않아서 화물이 세관에 묶여 있다.
③ 물품 대금이 지불되지 않았다.
④ 통관에 필요한 서류가 아직 도착하지 않았다.

(3) 북경상사에서는 어떻게 해서 서류 사고가 일어났습니까? 北京商社为什么单据会出现问题?
① 처음 계약서보다 선적 물량이 많이 줄어들었기 때문이다.
② 젊은 사무원 중의 한 명이 대한상사와의 거래를 다른 회사의 것과 혼동을 했다.
③ 서류의 양식이 바뀌었는데 이전의 양식으로 서류를 작성했다.
④ 서류상의 오타를 확인하지 않고 바로 팩스를 보냈다.

2. 회화연습 会话练习

다음 문장을 사용하여 아래 대화를 완성해 보세요. 使用给出的句子完成对话。

(1)

```
지체되다
세관에 묶여 있다
서류를 확인하다
```

A: 제가 이번에 보낸 물건을 아직 못 받으셨다면서요?
B: 네, 그렇습니다.
A: _____?
B: 네, 압니다.
A: 그래요? 문제가 뭔가요?
B: _____.
A: 정말이에요?_____.

(2)

```
금액과 수량이 다르다
혼동을 하다
송장을 작성하다
```

A: 물품이 지체되고 있는 이유가 뭡니까?
B: _____.
A: 정말 황당합니다. 어떻게 해서 그런 착오가 일어났습니까?

제8과 서류송부 및 통관

B: 우리 회사의 사무원이_____.
A: 그랬군요.
B: 죄송합니다._____.

둘째마당 第二部分

새 단어 新单词

잘못 （名） 错误、疏忽	인보이스 （名） 商业发票
지연되다 （动） 被拖延	패킹리스트 （名） 箱单
주의하다 （动） 注意	사본 （名） 复印件
선하증권 （名） 装船提单（B/L）	쌀쌀하다 （形） 凉
원산지증명서 （名） 原产地证明	납품하다 （动） 交货
검사증명서 （名） 验货报告	써랜드 （名） 电放提单
포장명세서 （名） 箱单	단축시키다 （动） 使……缩短
송부 （名） 发送	

듣기연습 听力练习

1. 다음 질문에 답하십시오. 请回答下列问题。

   (1) 문장을 듣고 알맞은 말을 빈칸에 쓰십시오. 听句子，将正确答案写在空格处。
   ① 선적 서류의 잘못으로 (　　　　　　) 생길 수 있으므로 주의해야 합니다.
   ② 수고가 많으십니다. 어제 선적건에 관한 (　　　　　　) 보냅니다.
   ③ 서류가 도착하는 대로 (　　　　　　) 것입니다.
   ④ 올해는 날씨가 쌀쌀해서 벌써 (　　　　　　) 많습니다.
   ⑤ 빨리 통관하여 납품하려고 하니 (　　　　　　) 주시기 바랍니다.

   (2) 선적 서류에 포함되지 않는 것을 고르세요. 选择同装船单据不一致的选项。
   ① 선하증권 (B/L)
   ② 보험증권
   ③ 상업송장 (Commercial Invoice)
   ④ 신용장

(3) 본문에 내용에서 수입 통관을 위해 요구된 서류가 아닌 것을 고르세요. 根据课文内容，选择不符合进口通关要求单据的选项。

① 인보이스(COMMERCIAL INVOICE), 패킹 리스트(PACKING LIST), 선하증권(B/L)
② 원산지증명서(C.O)
③ 검사증명서
④ 써랜드 비엘(SURRENDER B/L)

2. **무역서신작성연습 撰写贸易信函**

다음 문장을 사용하여 무역서신을 완성해 보세요. 使用给出的句子完成贸易信函。

(1)

> 은행에 네고하다
> 사본을 보내다
> 수입통관

수고 많으십니다.
어제 선적건에 관한 서류는 오늘 이미＿＿＿＿＿＿＿＿＿＿＿＿.
신용장 규정에 따라 선하증권도 같이 은행에 네고하였기 때문에＿＿＿＿＿
＿＿＿＿＿＿＿＿＿＿＿＿＿＿＿＿＿.
원산지증명서는 별도로 핸드케리 보내니＿＿＿＿＿＿＿＿＿＿＿＿＿＿.
이상입니다.

(2)

> 요구사항
> 인보이스와 팩킹리스트
> 송금하다

안녕하십니까?
다름이 아니라 이번에 선적하는 화물에 대한 선적서류에 대해 다음과 같이＿＿＿＿＿＿＿＿＿＿＿＿＿＿＿＿＿＿협조바랍니다.＿＿＿＿＿＿＿
＿＿＿＿＿＿＿＿＿＿＿＿수요일까지 팩스를 보내 주시기 바랍니다.
이번 오더의 지불방식은 송금 결제이므로 비엘 외 선적 서류들을 은행에 제시할 필요가 없이 비엘을 써랜드해 주시면＿＿＿＿＿＿＿＿＿＿＿＿＿.
이상입니다.

제8과 서류송부 및 통관

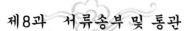

(1) 물품을 선적한 후 바이어의 수입 통관을 위해 보내야 할 서류에는 무엇이 있습니까? 装船完毕后，要想进口通关，需要寄送什么单据？

(2) 아래 제시된 내용을 근거하여 선적 서류에 관한 무역 서신을 작성해 보세요. 根据下列给出的内容，撰写装船单据相关贸易信函。

> 수입상이 선적한 화물에 대하여 비엘을 써랜드할 것을 요구함
> 신용장에 원본 비엘(full set)을 네고하라고 규정되어 있음
> 바이어에게 비엘 원본과 SURRENDER발급을 동시에 할 수 없음을 설명
> 통관이 급하시면 은행에 수출입화물선취보증서 발급을 요청해서 은행의 L/G 를 이용하면 B/L이 없이도 통관이 가능함

COMMERCIAL INVOICE

北京进出口有限公司

BEIJING IMP.EXP.CO., LTD

○○ROAD, BEIJING, CHINA

TEL: 010)****   FAX: 010)****

COMMERCIAL INVOICE

Invoice No: SA-091030   To: DAEHAN CO。, LTD
Date: OCT。30, 2009   Contract No: BE-090915
Shipped by: TIANJIN PORT, CHINA   L/C No: MO6PP913NS20205

Mark & Numbers	Quantities And Descriptions	Amount
DH	WOMEN'S COAT	FOB TIANJIN
LOADING PORT: BUSAN,KOREA	ORDER NO:AN20090910	USD280000.00
ITEM: WOMEN'S COAT	Style No: 09FWCT	
ORDER NO: AN20090910	Q'TY: 10000PCS	
Style No: 09FWCT		
CARTON NO: COLOR:		
SIZE: CROSS WEIGHT:		
NET WEIGHT:		
ORIGIN: CHINA		

商务韩语听说（下）

PACKING LIST

北京进出口有限公司
BEIJING IMP。 EXP。 CO。，LTD
○○ROAD，BEIJING，CHINA
TEL: 010)★★★★　　FAX: 010)★★★★

PACKING LIST

Contract No: BE-090915

Invoice No: SA-091030

Shipped By: GOLDEN VOYAGE V.1301E

Date: OCT。 30，2009

Mark & Numbers	DH LOADING PORT: BUSAN,KOREA ITEM: WOMEN'S COAT ORDER NO: AN20090910 Style No: 09FWCT CARTON NO: COLOR: SIZE: CROSS WEIGHT: NET WEIGHT: ORIGIN: CHINA
Description & Packing	WOMEN'S COAT ORDER NO: AN20090910 Style No: 09FWCT Q'TY: 10000PCS
Quantity	200CTNS
Net Weight (kg)	5000KGS
Gross Weight (kg)	5400KGS
Measurement	34.50CBM

제9과 납기
第九课 交 期

첫째마당 第一部分

새 단어 新单词

한꺼번에 （副）一次性
곤란하다 （形）困难、为难
전력 （名）电力
원활하다 （形）顺利

가동 （名）启动
정지가 되다 （词组）被停止
잔업 （名）加班
정시 （名）准时

듣기연습 听力练习

1. 다음 질문에 답하십시오. 请回答下列问题。

   (1) 문장을 듣고 알맞은 말을 빈칸에 쓰십시오 听句子，将正确答案写在空格处。

   ① 귀사의 2차 주문을 한꺼번에 다 선적할 수는 없을 것 같습니다. (   )해야겠어요.

   ② 전력 (   )공장가동이 자주 정지가 되었습니다.

   ③ 귀사께서 11월10일까지 필요하신 품목들은 1차 선적시에 보내 드리고 (   )어떨까요?

   ④ 원자재의 인도 지연으로 납기 내에 귀사 상품을 선적할 수가 없습니다. (   )있습니까?

   ⑤ 이미 합의한 사항은 변경이 불가능합니다. (   ) 주셔야 합니다.

   (2) 전력 공급이 원활하지 않아서 주문품을 정해진 날짜에 전량 선적하기가 어렵게 되었습니다. 두 사람은 어떻게 선적하기로 하였습니까? 由于电力供应不足，货品不能按期全部装船，对此二人商定如何装船?

   ① 선적 일자를 선적 가능한 날짜로 연기하여 전량 선적하기로 하였습니다.

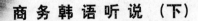

② 먼저 필요한 품목을 1차 선적시에 보내고, 나머지는 2차 선적때 보내기로 하였습니다.

③ 납기 연장이 불가능하므로 잔업을 하여 정해진 날짜에 선적하기로 하였습니다.

④ 선적 날짜를 지키기 위해 다른 공장을 이용하여 작업하기로 하였습니다.

(3) 두번째 단락의 내용으로 맞는 것을 고르세요. 请选择同第二段内容不一致的选项。

① 원자재의 인도 지연으로 납기내에 상품을 선적하기가 어렵게 되었다.

② 납기 연장이 가능하다.

③ 잔업을 하면 상품을 제날짜에 전량 선적할 수 있다.

④ 주문량 전량을 정해진 날짜에 선적하기로 했다.

2. 회화연습 会话练习

다음 문장을 사용하여 아래 대화를 완성해 보세요. 使用给出的句子完成对话。

(1)

> 두 차례 선적하다
> 10월 30일까지 1차선적
> 나머지 2차 선적

A: 강과장님, 우리가 주문한 제품은 제때 선적할 수 있습니까?

B: 죄송합니다. _____.

A: 그렇다면 언제 선적해 주실 수 있습니까?

B: _____.

A: 좋습니다. _____.

(2)

> 납기일을 묻다
> 된다고는 장담을 못하다
> 11월로 하다

A: FW-002제품 3000PCS를 추가로 주문하고 싶습니다.

B: _____?

A: 10월 중으로 해 주실 수 있을까요?

B: _____.

제9과 납기

A: 좋습니다. 그럼 11월 중으로 해 주십시오. 더 늦으면 안 됩니다.
B: _____.

둘째마당 第二部分

새 단어 新单词

성수기 (名) 旺季	증가 (名) 增加
의무 (名) 义务	되도록이면 (惯) 尽可能的话
원재료 (名) 原材料	간격 (名) 间距
능력 (名) 能力	분할선적 (名) 分批装船
인원 (名) 人员	옮기다 (动) 移、转移
사정 (名) 情况	싣다 (动) 装
급격하다 (形) 急剧的	환적 (名) 转船

듣기연습 听力练习

1. 다음 질문에 답하십시오. 请回答下列问题。

   (1) 문장을 듣고 알맞은 말을 빈칸에 쓰십시오 听句子，将正确答案写在空格处。

   ① 납기는 고객이 언제까지 상품을 선적하라고 요구한 납기와 (
) 약속한 납기가 있습니다.
   ② 바쁜 성수기에는 (   ) 발생합니다.
   ③ 생산 공장에서는 (   ) 있습니다.
   ④ 이 같은 경우 바이어에게 사정을 설명한 후 (
) 다 해야 합니다.
   ⑤ 이 경우 우선 (   ) 가능한 납기일을 바이어와
       상담합니다.

   (2) 생산 공장에서 납기에 어려움이 생길 수 있는 원인으로 맞지 않는 것을 고르세요.
       在生产过程中交期会出现困难，选择同其原因不一致的选项。

   ① 원재료의 인도 지연 및 부족
   ② 생산 능력인 생산 인원의 부족
   ③ 생산된 제품의 품질상의 문제
   ④ 완제품 선적된 선박의 지연

(3) 본문의 내용과 다른 것을 고르세요. 选择同文章内容不一致的选项。
① 성수기에는 바이어 요구 납기와 공장의 실제 납기가 차이가 나는 경우가 발생한다.
② 생산 공장에서는 약속한 납기에 대해 반드시 지킬 의무가 있다.
③ 원재료의 부족 및 생산 인원의 부족 등으로 인해 약속한 납기가 어려워진 경우 납기를 지키지 않아도 된다.
④ 무리한 주문 일자로 인해 납기에 어려움 생길 경우에는 기업의 생산 능력을 고려하여 가능한 납기일을 바이어와 상담한다.

2. 무역서신작성연습 撰写贸易信函

다음 문장을 사용하여 무역 서신을 완성해 보세요. 使用给出的句子完成贸易信函。

(1)

> 선박 스페이스를 잡지 못하여 선적 일자가 지연
> 부킹을 못함
> 다음 배편을 예약

선적지연통보

김과장님
안녕하십니까?
모레 선적하기로 한 제품의 생산은 끝났지만_____
_____.
지금 선박 회사나 포워딩 업체에 여러모로 알아보고 있는 중인데 아직 _____
_____.
대단히 죄송합니다만 김과장님도 한국 측 포워더에도 알아봐 주셨으면 합니다.
저희는 만일의 경우를 대비하여_____.
선적 준비가 미흡하여 심려를 끼쳐 드려 죄송합니다.

(2)

> 제품을 인도 받지 못해 유감이다
> 검사하였으나 개선되지 않다
> 금주중 납품하면 양해를 구할수 있다

납기독촉

유주임님
안녕하십니까?

제9과 납기

지난 달 중순에 납품하기로 한_____.
1차 검사때 불합격된 사항들을 2차 검사때도 합격받지 못했으며 그간 3차까지_____.
아시다시피 한국의 대형 매장과 백화점의 세일 기간도 이미 놓친 상태입니다.
지금이라도 깨끗하게 수정하여_____.
하지만 이번주를 넘기면 해결 방법이 없습니다.
이상입니다.

실전연습 实战练习

(1) 공장내의 불가피한 사정으로 인해 약속한 납기를 지키기 어렵게 되었습니다. 바이어에게 연락하여 사정을 이야기하고 납기를 연장해 보세요. 由于工厂内部无法抗拒的原因，无法按期交货，请联系客户说明情况，并请求延长交期。

(2) 아래 제시 내용을 근거하여 바이어에게 납기 지연 통보를 쓰시오. 根据下文内容，告知客户交期推迟。

> 실제 생산량이 예정보다 적은 관계로 작업이 늦어지고 있다
> 납기가 10일정도 지연될 것이다
> 납기 지연에 관하여 양해를 구하고 신용장 수정을 요청할 것

제10과 제품하자
第十课 产品瑕疵

첫째마당 第一部分

새 단어 新单词

반송하다 （动） 返运，回运	구멍 （名） 孔
운임 （名） 运费	철저하다 （形） 彻底的
수선 （名） 修理	검품 （名） 验货
다수 （名） 多数	세심하다 （形） 细心的
발견되다 （动） 被发现	기울이다 （动） 倾注
놀랍다 （形） 令人惊讶的	빠짐없이 （副） 毫无遗漏
검다 （形） 黑	쏟다 （动） 倾、倒
점 （名） 点	

듣기연습 听力练习

1. 다음 질문에 답하십시오. 请回答下列问题。

   (1) 문장을 듣고 알맞은 말을 빈칸에 쓰십시오 听句子，将正确答案写在空格处。

   ① 고객들로부터 (　　　　　　　　　) 별로 좋지 못한 것들입니다.

   ② 불량품에 대해서는 반송해 주십시오. (　　　　　　　　　) 저희가 부담하겠습니다.

   ③ 불량 제품에 대해 (　　　　　　　　　). 다시는 그런 일이 발생되지 않도록 말입니다.

   ④ 귀사에서 선적한 제품에서 (　　　　　　　　　) 있습니다.

   ⑤ 모든 제품은 이곳을 떠나기 전에 (　　　　　　　　　).

제10과 제품하자

(2) 발생된 불량품에 대해 북경상사는 어떻게 대응했습니까? 对于出现的次品, 北京商社如何应对?

① 운임과 수선 비용을 부담하겠으니 불량품을 발송해 달라고 했습니다.
② 검품 후 출고된 제품에 대해서는 책임을 질 수 없다고 했습니다.
③ 불량품의 원인 규명을 해야 한다고 했습니다.
④ 제품 불량에 대해 일부 책임을 지겠다고 했습니다.

(3) 김과장의 불만 토로에 대해 류주임이 답변한 내용이 아닌 것을 고르세요. 对于金科长吐露的不满, 柳主任做出一定的解释, 请选择同柳主任的解释内容不一致的选项。

① 모든 제품은 이곳을 떠나기 전에 철저한 검품을 거쳤다.
② 단계마다 세심한 주의를 기울여 빠짐없이 확인했다.
③ 제품 생산에 많은 시간과 노력을 쏟았다.
④ 생산 납기가 너무 짧았다.

2. 회화연습 会话练习

다음 문장을 사용하여 아래 대화를 완성해 보세요. 使用给出的句子完成对话。

(1)

> 불량품을 반송하다
> 원인을 규명하다
> 발생하지 않도록 하다

A: 강과장님, 고객들의 반응이 별로 좋지 못합니다.
B: 그렇습니까? 불량품이 많다는 말씀입니까?
A: 네, 그렇습니다. _____.
B: 네, 알겠습니다. 운임과 수선 비용은 저희가 부담하겠습니다.
A: 그리고 _____.
B: 알겠습니다. _____.

(2)

> 불량이 있다
> 검은 점과 작은 구멍이 있다
> 검품을 하다

A: 강과장님, _____.
B: 그래요? 어떤 불량인데요?

A: _____.어째서 그런 일이 생겼지요?

B: 글쎄요._____.

A: 아무튼, 원인을 규명하고 연락을 주십시오.

둘째마당 第二部分

새 단어 新单词

주문품 （名） 订货	개선되다 （动） 被改善
생명 （名） 生命	강구하다 （动） 强求
따르다 （动） 跟随	캔슬 （名） 取消
하자 （名） 瑕疵，残次	브랜드 （名） 名牌
회피하다 （动） 回避	신용도 （名） 信用度
조치를 하다 （词组） 采取措施	의심 （名） 怀疑
바람직하다 （形） 正确	도저히 （副） 实在是
신속하다 （形） 迅速	납품하다 （动） 交货
신뢰 （名） 信赖	청구 （名） 请、求
재발생되다 （动） 再次发生	손실 （名） 损失
출고건 （名） 出库品	상의 （名） 商议
완벽하게 （副） 完美地	실패하다 （动） 失败

듣기연습 听力练习

1. 다음 질문에 답하십시오. 请回答下列问题。

   (1) 문장을 듣고 알맞은 말을 빈칸에 쓰십시오 听句子，将正确答案写在空格处。

   ① 주문량이 많을 때 (_____) 것에는 많은 노력이 따릅니다.

   ② 불량품에 대해서 (_____) 바이어의 신뢰를 얻습니다.

   ③ 처음부터 (_____) 품질에 문제가 생기게 된 저의 잘못이 큽니다.

   ④ 현재 (_____) 여러모로 어려움을 겪고 있습니다.

   ⑤ 오더를 진행하느라고 수고가 많으셨습니다만 이 상태로 도저히 제품을 받을 수 없으니 (_____).

제10과 제품하자

(2) 불량품이 발생했을 시에 바이어에게 취하는 태도로 올바르지 않은 것을 고르세요.
出现次品时，应该向客户采取何种态度？请选择不正确的选项。
① 제품의 하자에 대해서는 책임을 회피한다.
② 제품의 하자에 대해서는 적극적으로 조치를 취한다.
③ 불량품에 대해서 수선 등 신속한 조치를 한다.
④ 불량품에 대해 원인 규명을 분명히 해서 다음에 재발생되지 않도록 노력한다.

(3) 오더 캔슬을 하게 된 원인은 무엇입니까? 订单取消的原因是?
① 환율이 너무나 올라서 대금 결제를 해 줄 수가 없다.
② 납기가 지연된 데다가 품질마저 떨어져서 제품을 도저히 납품할 수 없다.
③ 제품의 품질에 심각한 불량이 생겼다.
④ 바이어의 신용도를 조사한 결과 상품 대금 회수가 어렵다.

2. 회화연습 会话练习

다음 문장을 사용하여 아래 대화를 완성해 보세요. 使用给出的句子完成对话。

(1)

```
부탁이 있다
뚜껑이 문제이다
해결하다
```

A: _____ .
B: 어떤 부탁이든 최선을 다해 드려야죠.
A: 제품 자체는 좋습니다. _____ .
B: 뭐가 문제지요?
A: 대다수 제품의 뚜껑이 열리지 않습니다.
B; 알겠습니다. 제가 특별히 신경을 써서_____ .

(2)

```
불량품이다
녹투성이 있다
원인규명을 하다
```

A: 저희가 정확히 납기를 지켜 보내 드린 지난번 선적 화물을 받으셨습니까?
B: 예, 받았습니다만,_____ .

商务韩语听说（下）

A: 사실입니까? 발송시에는 이상이 없었는데요.

B: 글쎄요, 저희가 받았을 때는_____.

A: 저런, 어떻게 그런 일이 생길 수 있는지 모르겠군요.

B: 제품의 불량품에 대해서는_____.

실전연습 实战练习

(1) 당신 회사에서 공급한 제품에 몇 가지 문제가 발생했습니다. 바이어의 물건 품질에 대한 불만 토로에 어떻게 답변합니까? 其他公司供应的产品出现了几个问题，对于客户对产品质量提出的不满，应该如何答复？

(2) 아래 제시 내용에 근거하여 매도인에게 오더 캔슬을 통보해 보세요. 依据下文内容，向卖方通报取消订单。

> 납기가 이미 2주나 지났음.
> 여러번 재촉했지만 정확한 납품일자를 통보 받지 못했음.
> 제품에 관해 여러 차례 수정을 했지만 여전히 품질이 개선되지 않고 더 이상 수정이 불가능하다고 판담됨.
> 제품 품질 문제 및 판매 시기를 놓친 관계로 최종 바이어가 캔슬을 요구함.

제11과 클레임
第十一课 索 赔

첫째마당 第一部分

새 단어 新单词

면하다 （动） 免除	입장 （名） 立场
논쟁하다 （动） 争论	책임을 지다 （词组） 负责任
끝장 （名） 完了	대단히 （副） 十分、非常
놓치다 （动） 错过	촉박하다 （形） 紧迫
전적으로 （副） 完全	다소 （副） 多多少少
배상 （名） 赔偿	소홀하다 （形） 疏忽
응하다 （动） 答应、应允	방안 （名） 方案
이성적으로 （副） 理性地	내놓다 （动） 拿出

듣기연습 听力练习

1. 다음 질문에 답하십시오. 请回答下列问题。

   (1) 문장을 듣고 알맞은 말을 빈칸에 쓰십시오 听句子，将正确答案写在空格处。

   ① 당사 (　　　　　　　　) 아니면 이번 거래는 끝장입니다.

   ② 전적으로 저희 측 잘못이라는 (　　　　　　　　) 응할 수 없습니다.

   ③ 자, 이러지 말고 (　　　　　　　　). 우리가 손해 보는 만큼 손해를 보시게 될 텐데요.

   ④ 그 과정에서 (　　　　　　　　) 대해서는 이해를 해 주셔야 합니다.

   ⑤ 그러면 (　　　　　　　　) 내놓으시겠습니까?

(2) 제품에 불량품이 발견된 것에 대해 대한상사에서는 어떻게 해결하려고 합니까? 产品发现残次，对此大韩商社打算如何解决？
① 불량제품에 대한 클레임을 청구하고 클레임이 해결되지 않으면 계약을 취소하려고 한다.
② 오랜 거래 관계를 고려하여 이번 문제에 대해서는 클레임을 청구하지 않는다.
③ 클레임을 청구하지는 않지만 명확한 원인 규명을 요구한다.
④ 클레임을 치고 대금 결제를 하지 않기로 했다.

(3) 클레임을 받은 북경상사가 제시하는 해결 방안은 무엇입니까? 被提出索赔的北京商社提出什么解决方案？
① 하자가 없는 제품인데 부당하게 클레임을 당해 책임을 질 수가 없다고 한다.
② 바이어가 무리한 요구를 하기에 들어줄 수 없다고 한다.
③ 전적으로 모든 책임을 다 질 수가 없고 절반 정도의 금액으로 마무리하려고 한다.
④ 모든 책임을 인정하고 클레임 전액을 배상한다.

2. 회화연습 会话练习

다음 문장을 사용하여 아래 대화를 완성해 보세요. 使用给出的句子完成对话。

(1)

> 귀사가 책임을 지다
> 손해 배상을 청구하다
> 이번 계약을 취소하다

A: _____.
B: 아닙니다. 우리의 모든 제품은 이곳을 떠나기 전에 철저한 검품을 거쳤고 아무 문제가 없었습니다.
A: 그 점에 대해서 더 이상 논쟁하고 싶지 않습니다. _____.
B: 전적으로 우리의 잘못이라는 것에 응할 수 없습니다.
A: _____.

(2)

> 거래는 끝장이다
> 해결 방안을 묻는다
> 상의후 연락하다

제11과 클레임

A: 이번 일은 어떻게든 손해 배상을 청구하겠습니다.
B: 전적으로 저희 측의 잘못이라는 손해 배상 청구에는 응할 수 없습니다.
A: _____.
B: 우리 이러지 말고 이성적으로 해결을 합시다.
A: _____?
B: 절반 정도의 금액으로 해결하면 어떨까요?
A: _____.

둘째마당 第二部分

새 단어 新单词

일어나다 （动） 发生   양해 （名） 谅解
위반하다 （动） 违反   체크하다 （动） 检查
제기하다 （动） 提出

듣기연습 听力练习

1. 다음 질문에 답하십시오. 请回答下列问题。

   (1) 문장을 듣고 알맞은 말을 빈칸에 쓰십시오 听句子, 将正确答案写在空格处。

   ① 클레임이란 （　　　　　　　　　　） 말합니다.
   ② 철저한 수정을 거쳐 （　　　　　　　　　　） 납품하게 되어 다행입니다.
   ③ 생산 과정 중에 처음부터 관리를 철저히 하셔서 （　　　　　　　　　　） 좋겠습니다.
   ④ 계약에 따르면 （　　　　　　　　　　） 일주일 지연시 5%, 2주 지연시 10%, 3주 지연시 20%입니다.
   ⑤ 클레임 금액에 관해서는 당사에서도 미리 체크하지 못한 관리책임도 있고 또 （　　　　　　　　　　） 서로 반반씩 부담하는 것이 어떨까요?

   (2) 수출상 클레임의 원인으로 맞지 않는 것을 고르세요. 选择同出口商索赔原因不一致的选项。

   ① 수량 부족
   ② 품질 불량
   ③ 선적 지연
   ④ 신용장 지불 거절

(3) 클레임건에 관한 무역 서신 내용과 다른 것을 고르세요. 选择同索赔事件贸易信函内容不一致的选项。
① 납기가 3주이상 지연되면서 오더 캔슬의 위기까지 있었다.
② 제품은 다행이도 최종 바이어의 양해를 받아 납품하게 되었다.
③ 클레임 금액에 관해서는 서로 50%씩 부담하는 것이 좋겠다.
④ 납기를 맞추기 위해 밤샘 작업을 하다 다른 규격의 제품들이 섞였다.

2. 회화연습 会话练习

다음 문장을 사용하여 아래 대화를 완성해 보세요. 使用给出的句子完成对话。

(1)

> 클레임을 해결하다
> 품질에 소홀하다
> 반씩 배상하다

A: 저희는 이번 일에 대해 책임을 다 질 수는 없습니다.
B: 더 이상 논쟁하고 싶지 않습니다.＿＿＿＿＿＿＿＿＿＿＿＿＿＿＿.
A: 안부장님, 이번 작업의 납기가 대단히 촉박했습니다. 납기를 지키기 위해 최선을 다했지만＿＿＿＿＿＿＿＿＿＿＿＿＿＿＿＿＿＿. 이해를 주십시오.
B: 그렇다면 어떻게 해결하려고 합니까?
A: ＿＿＿＿＿＿＿＿＿＿＿＿＿＿＿＿＿＿＿＿＿?
B: 알겠습니다. 사장님과 확인한 다음에 연락 드리겠습니다.

(2)

> 조취를 취하다
> 검품을 거쳤고 하자도 없다
> 책임을 전가하다

A: 당사의 클레임에 대하여＿＿＿＿＿＿＿＿＿＿＿＿＿＿＿＿?
B: 철저히 조사해 보았지만, 저희 측의 하자는 전혀 발견하지 못했습니다.
A: 정말이지 그 선적품은 전혀 사용할 수가 없는 상태였어요.
B: 선적품은 이곳을 떠나기 전에＿＿＿＿＿＿＿＿＿＿＿＿＿＿.
A: 그런 일이 수송 중에 일어날 수는 없으니까 잘못은 당연히 귀사측에 있는 거지요.
B: 이런 말 하게 되어 안 되지만＿＿＿＿＿＿＿＿＿＿＿＿＿＿＿.

제11과 클레임

실전연습　实战练习

(1) 주문한 제품이 약속한 날짜보다 한달이나 늦게 도착하여 손해가 발생되었습니다. 상대방에게 클레임을 청구해 보세요. 订货产品比约定时间晚到一个月，而且出现了破损。请向对方提出索赔。

(2) 이에 대해 해명을 하고 해결방안을 제시해 보세요. 请对此进行解释，并提出解决方案。

제12과 타협안 제시
第十二课 提出妥协意见

첫째마당 第一部分
새 단어 新单词

받아지다 （动）被接受　　　환불 （名）退款
송금 （名）汇款　　　　　　생각이 나다 （词组）想起
제하다 （动）去除　　　　　지불하다 （动）支付
타협안 （名）妥协方案　　　마저 （副）全、都

듣기연습 听力练习

1. 다음 질문에 답하십시오. 请回答下列问题。

    (1) 문장을 듣고 알맞은 말을 빈칸에 쓰십시오 听句子，将正确答案写在空格处。

    ① 이번 작업에서 (　　　　　　　　　) 인정합니다.
    ② 회사에 이야기해서 (　　　　　　　　　) 노력하겠습니다.
    ③ 저희 사장님께서 (　　　　　　　　　) 승낙하셨습니다.
    ④ 귀사에서 보낸 지난번 제품들에 대해 (　　　　　　　　　) 있습니다.
    ⑤ 그 금액을 마저 제하시고 (　　　　　　　　　) 주시길 바랍니다.

    (2) 제품 클레임건에 대해 양 당사자는 어떻게 해결하기로 결정했습니까? 对于产品索赔事件双方当事人决定如何解决？

    ① 매도인이 수출 물량에 대해 전액 배상하기로 결정하였습니다.
    ② 납기일이 다소 짧은 것을 인정하여 양당사자가 서로 반씩 배상을 하기로 결정하였습니다.
    ③ 납기일이 짧은 것을 인정 매수인이 클레임을 취소하기로 결정하였습니다.

제12과 타협안 제시

④ 양당사자간에 합의에 의한 해결이 되지 않아서 중재에 의한 해결을 하기로 결정하였습니다.

(3) 김과장은 물품 대금 중 최종적으로 얼마를 제하고 송금합니까? 金科长最终结帐汇款时扣除多少?
① 물품 대금 중 클레임 대금 5000USD를 제하고 송금합니다.
② 물품 대금 중 클레임 대금 5000USD와 환불금 2800USD를 제하고 송금합니다.
③ 클레임건이 해결될 때까지 대금 지불을 거절하기로 하였습니다.
④ 대금 지불 전액을 송금하기로 하였습니다.

2. 회화연습 会话练习

다음 문장을 사용하여 아래 대화를 완성해 보세요. 使用给出的句子完成对话.

(1)

> 손해 배상을 하다
> 우리끼리 해결하다
> 절반 금액

A: _____.
B: 김과장님 입장은 이해합니다. 하지만 이번만큼은 저희가 책임을 다 질 수는 없습니다.
A: 그러면 국제 손해 배상 중재 기관에 넘기는 수밖에는 다른 도리가 없겠군요.
B: 그렇게까지 하시지 않아도_____.
A: 그렇다면 어떤 해결 방안을 내놓으시겠습니까?
B: _____마무리지으면 어떨까요?

(2)

> 선적 지연으로 판매 시기를
> 가격 할인하다
> 할인된 가격으로 송금하다

A: _____그 결과 저희 고객들이 계약 단가로는 물건을 인수하려 들지 않고 할인을 요구했습니다.
B: 알겠습니다._____?
A: PCS당 1달러씩 할인해 주십시오.

B: 좋습니다. 가격을 할인해 드리겠습니다.

A: 감사합니다. 그럼_____.

둘째마당 第二部分

새 단어 新单词

정당성 （名） 正当性	자주적이다 （形） 自主的
여부 （名） 与否	교섭 （名） 交涉
증거 （名） 证据	양보 （名） 让步
면밀히 （副） 周密地	원만하다 （形） 圆满的
설득력 （名） 说服力	교훈 （名） 教训
중재 （名） 仲裁	삼다 （动） 当作

듣기연습 听力练习

1. 다음 질문에 답하십시오. 请回答下列问题。

   (1) 문장을 듣고 알맞은 말을 빈칸에 쓰십시오 听句子，将正确答案写在空格处。

   ① 클레임을 제기받은 경우 우선 (   ) 면밀히 검토해야 합니다.

   ② 무역 클레임의 해결은 (   ) 중재를 통한 제3자 개입에 의한 해결이 있습니다.

   ③ 오더를 진행하면서 이런 저런 문제점이 발생할 수도 있겠지만 (   ) 제일 중요하다고 생각합니다.

   ④ 하여튼 (   ) 더 열심히 하겠습니다.

   ⑤ 김과장님이 제안하신 대로 이번주 중으로 (   ) 주십시오.

   (2) 클레임을 받았을 경우에 대처해야 할 상황으로 맞지 않은 것을 고르세요. 被提出索赔时应该如何处理？选择不一致的选项。

   ① 먼저 클레임 내용의 정당성 여부 및 증거 서류를 면밀히 검토해야 한다.

   ② 클레임 해결에 관한 입장과 해결 방안을 상대방에게 신속하고 설득력 있게 전달해야 한다.

   ③ 무역 클레임의 해결은 당사자간의 합의에 의한 해결과 중재를 통한 제3자 개입에 의한 해결이 있습니다.

제12과 타협안 제시

④ 당사자간의 자주적인 해결보다 중재를 통한 해결이 쉽고 빠르다.

(3) 클레임에 대한 회신 서신의 내용으로 틀린 것을 고르세요. 选择同公司索赔信函内容不一致的选项。
① 이번에 선적한 제품이 바이어한테 최종 납품이 되어서 참 기쁘다.
② 문제점이 발생할 경우 원만한 해결을 보는 것이 제일 중요하다.
③ 클레임건이 부당하게 생각되고 앞으로의 거래관계가 지속되기 어렵다.
④ 클레임건에 대해서 반을 부담해 준다고 하니 정말로 감사하다.

2. 무역서신작성연습 撰写贸易信函

다음 문장을 사용하여 무역서신을 완성해 보세요. 使用给出的句子完成贸易信函。

(1)

```
농산물의 수량과 품질에 이상
땅콩 견본보다 작다
상품의 가치가 떨어진다
```

김 경리님

이번에 인도받은_____.

우선 서류상 수량보다 실제 수량이 5%정도 부족합니다.

품질은_____대부분은 너무 말라서 쭈글쭈글하고 일부는 곰팡이가 끼어 있습니다.

카메라로 찍은 사진을 첨부파일로 보내니 참조 바랍니다.

이상태로는_____BACK SHIP시키는 방법밖에 없을 것 같습니다.

검토하시고 바로 연락을 주십시오.

박 사장 배상

(2)

```
허용범위내 선적
품질검사를 하다
선별작업을 하다
```

박 사장님

보내 주신 메일과 파일로 첨부하신 사진은 잘 받아 보았습니다.

　수량 부족에 대해서는 과부족인용조건 허용 범위 5%에 따라_____

商务韩语听说（下）

　　_____, 검토 결과 서류상에 계약서 수량대로 잘못 표시된 것 같습니다. 서류를 수정하여 다시 보내 드리겠습니다. 서류 담당의 실수로 혼란을 겪게 해서 죄송합니다. 사진상의 제품에 대해서는 저도 드릴 말씀이 없습니다. 그러나 전체적으로 다 불량인 것 같지는 않습니다. 출고전에 저희 직원이 현지에서_____
_____박사장님도 임의로 포장을 뜯고 검사를 하지 않으셨습니까?

　　만약 반품할 경우에는 이미 산지에 대금을 다 지불한 상태이고 환불이 어려운 경우라서 저희 측 손실이 너무 큽니다. 그래서 수고스럽지만 선별작업에 필요한 경비는 저희가 부담하도록 할 테니_____
_____저희가 불량 수량만큼 다시 준비하여 보내 드리도록 하겠습니다.

　　잘 부탁 드리겠습니다.

김 경리배상

실전연습　实战练习

(1) 클레임을 제기 받은 경우에는 어떻게 처리해야 되는가에 대해 이야기 나누어 보세요. 请谈谈被提出索赔时，应该如何处理。

(2) 무역 클레임의 해결 방법으로는 무엇이 있는지에 대하여 이야기 나누어 보세요. 请谈谈贸易索赔处理方法都有哪些。

제13과 미수금회수
第十三课 催 款

첫째마당 第一部分

새 단어 新单词

이상 （名）异常
순조롭다 （形）顺利的
결제하다 （动）结帐
자금 （名）资金

나머지 （名）剩下
양해하다 （动）谅解
일부 （名）一部分
영수증 （名）发票

듣기연습 听力练习

1. 다음 질문에 답하십시오. 请回答下列问题。

   (1) 문장을 듣고 알맞은 말을 빈칸에 쓰십시오 听句子, 将正确答案写在空格处。

   ① 이번에 출고된 제품은 (   ).

   ② 다름이 아니라 매번 약속대로 결재해 주셨는데 (   ) 같아서 전화 드렸습니다.

   ③ 요즘 회사의 자금상황이 좋지 않아서 (   ). 양해하시고 조금만 기다려 주십시오.

   ④ 오랫동안 거래를 해 오면서 (   ) 높이 평가하고 있습니다.

   ⑤ 사장님께 말씀 드려서 이번주 중에 (   ) 드리도록 하겠습니다.

   (2) 류주임이 김과장에게 전화를 건 주요한 목적은 무엇입니까? 柳主任给金科长打电话的主要目的是什么?

   ① 제품이 잘 도착했는지 궁금해서 전화했다.
   ② 다음 진행 오더가 있는지 확인하기 위해 전화했다.

③ 대금 결제가 좀 늦어지는 것 같아서 전화했다.
④ 클레임건을 해결하기 위해 전화했다.

(3) 대한상사에서 결제가 늦여지는 이유는 무엇입니까? 为什么大韩商社此次结帐延迟?
① 클레임건에 대한 정산이 아직 남아 있기 때문이다.
② 제품이 아직 납품이 되지 않았기 때문이다.
③ 결제일이 아직 남아 있기 때문이다.
④ 회사의 자금 상황이 좋지 않기 때문이다.

2. 회화연습 会话练习

다음 문장을 사용하여 아래 대화를 완성해 보세요. 使用给出的句子完成对话。

(1)

> 납품되다
> 신규 오더 진행이 어렵다
> 자금 사정 좋지 않다

A: 지난 번 선적된 제품은 어떻습니까?
B: 품질에 문제가 없었고_____.
A: 다행입니다. 저 다름이 아니라 출고건에 관한 결제가 밀리면서 _____
_____.
B: 죄송합니다. 요즘 회사의_____.양해하시고 조금만 기다려 주십시오.
A: 자금상황이 안 좋으시면 밀린 대금 중에서 반이라도 먼저 결제해 주시고 나머지는 다음달 중으로 해결해 주시기 바랍니다.
A: 알겠습니다. 사장님께 말씀 드려 보겠습니다.

(2)

> 미수금 십만불
> 6개월
> 이번 건부터 건별로 결제

A: 작년 봄 작업_____결제를 해 주시기 바랍니다.
B: 죄송합니다. 자금 사정이 안 좋으니 조금만 더 기다려 주십시오.
A: _____아직도 해결되지 않았습니다.

제13과 미수금회수

B: 다음 달에는 꼭 결제해 드리겠습니다.
A: 저희도 회사운영에 어려움이 많으니_____.
B: 건별로 결제하면 번거로우니 매달 5일에 결제하는 것으로 합시다.

둘째마당 第二部分

새 단어 新单词

미수금 (名) 欠款	지장을 주다 (词组) 带来障碍
독촉 (名) 督促	재촉하다 (动) 催促
표현 (名) 语言表达	강경하다 (形) 强硬
세련되다 (形) 干练	더불어 (副) 一起
전달 (名) 转达	우호관계 (名) 友好关系
말투 (名) 口吻	유지시키다 (动) 使……维持
성실하다 (形) 诚实	회수 (名) 回收
예의 (名) 礼节	요청 (名) 要求
감정을 상하다 (词组) 伤感情	처리하다 (动) 处理
목적을 이루다 (词组) 达成目的	

듣기연습 听力练习

1. 다음 질문에 답하십시오. 请回答下列问题。

   (1) 문장을 듣고 알맞은 말을 빈칸에 쓰십시오 听句子, 将正确答案写在空格处。

   ① 미수금 독촉 서신이란 판매하는 사람이 일정한 기간 안에 대금을 받지 못하여 (   ) 서신입니다.

   ② 대금 독촉 업무 목적을 이루지 못할 뿐 아니라 (   ).

   ③ 출고한 지 15일이나 지났는데 아직 (   ) 드립니다.

   ④ 혹시 지불 요청을 받지 못하셨을까 봐 다시 한번 팩스로 보내 드리니 (   ) 믿습니다.

   ⑤ 송금하신 후 (   ) 감사하겠습니다.

   (2) 미수금 독촉 서신을 작성할 때 주의 할점이 아닌 것을 고르세요. 选择同撰写催款信函注意事项不一致的选项。

   ① 표현이 세련되고 내용 전달이 정확하며 말투가 성실하고 예의가 있어야 한다.

② 상대방의 감정을 상하지 않도록 주의하여 일부러 돈을 안 주는 것처럼 표현해서는 안 된다.

③ 여러번 재촉해도 돈을 안 주거나 일부러 돈을 주지 않으려는 바이어에게도 말투를 상냥하게 한다.

④ 미수금 독촉을 할 때에 지켜야 할 원칙은 돈을 받는 목적과 더불어 바이어와의 우호관계를 유지시켜야 한다.

(3) 본문의 미수금 독촉 서신의 내용과 다른 것을 고르세요. 选择同课文中催款信函内容不一致的选项。

① 지금까지 매번 약속대로 결제해 주서서 감사하다.
② 이번에는 결제가 좀 늦어지는 것 같다.
③ 대금 송금을 빠른 시일 내로 처리해 주시리라 믿는다.
④ 이번주 안으로 대금 송금을 하지 않으면 제품을 선적시키지 않겠다.

2. 무역서신 작성연습 撰写贸易信函

다음 문장을 사용하여 무역서신을 완성해 보세요. 使用给出的句子完成贸易信函。

(1)

> 10만불 미결제
> 회사의 자금운영이 어렵다
> 밀린 대금을 해결

하시는 사업은 잘 되고 계시죠?
다름이 아니라 밀린 대금건에 관한 지불 요청입니다.
지난달 출고된 제품의 송금 신청서를 확인해 본 결과 무려 _____
_____.

본래 출고하는 대로 일주일 내에 건별로 송금해 주시기로 하셨는데 지난 달 부터 대금 결제가 계속 밀리고 있습니다. 물론 사장님께서 일시적으로 자금이 딸리니 며칠간만 기다려 달라고 양해를 구한 바가 있는 관계로 지금까지 기다려 왔습니다. 그러나 대금결제가 계속 밀리는 바람에 이미 _____
_____.

만약 자금난으로 원부자재를 구입하지 못한다면 차기 오더 진행에도 직접적인 영향을 가져오게 됩니다. 그러니 _____.

제13과 미수금회수

(2)
> 원단을 2000원에 10000야드 납품
> 물품 대금 미지급
> 법적 조치를 하겠다

귀하의 회사가 날로 번창하시길 기원합니다.

다름이 아니라 본인이 2008년 10월20일에, 귀하에게_____
_____,2008년 11월 20일까지 물품 대금을 지급받기로 하였습니다.

그러나 2009년 09월10일 현재까지_____.

따라서 2009년 10월10일까지 물품 대금 이천만원을 지급해 주시기 바랍니다. 만약 2009년 10월10일까지 지급하지 않을 경우_____
_____이 점을 주지하시기 바랍니다.

실전연습 实战练习

(1) 수출 상품을 선적 후에 물품 대금 송금이 예정보다 늦어지고 있습니다. 바이어에게 전화를 걸어서 대금 송금을 요청해 보세요. 出口商品装船后, 汇款结账较以前有些延迟, 请给客户打电话请求结账。

(2) 신규 거래한 업체인데 별다른 이유가 없이 대금 송금 약속 날짜를 벌써 여러번 어겼습니다. 이에 대한 무역 서신을 작성해 보세요. 新的客户公司屡次无故不按时结账, 请对此撰写贸易信函。

직장 생활의 기본 자세

1. 매사에 자신감을 갖고 임한다.
2. 직장에서의 예절은 약속에서부터 출발한다. 약속 시간을 잘 지켜라.
3. 항상 "감사합니다", "고맙습니다", "미안합니다"라는 말을 할 줄 알아야 한다.
4. 자신의 잘못으로 인하여 남에게 피해를 주지 않도록 노력한다.
5. 본인보다는 상대방의 입장을 이해하도록 노력한다.
6. 출장시나 외출시 상사에게 반드시 보고를 하고 출발하고, 일을 마친 다음에는 결과 보고를 한다.
7. 잘못을 했을 때는 진심으로 사과를 해야 한다. 변명이나 자기 합리화를 해서는 안 된다. 솔직히 시인하는 자세가 필요하다.

8. 자기 계발을 위해 꾸준히 정진한다.
9. 시작이 좋아야 한다.
10. 미래 인생에 있어 자신을 어떻게 활용해야 하는지를 생각해야 한다.
11. 지각은 금물이다 (근무 시간 15분 전에 출근해야 한다). 지각했을 때는 정중히 사과하라.
12. 회사에서 첫째는 일이라고 생각해야 한다.
13. 항상 부지런한 사람으로 보여야 한다.

职场生活的基本准则

1. 做任何事都要有自信。
2. 守信是公司内礼仪的基本，一定要守时。
3. 要常把"谢谢"、"对不起"挂在嘴边。
4. 不要让自己的错误给别人带来麻烦。
5. 要学会站在他人的角度思考。
6. 出差或外出前要向上司报告，工作结束后也要向上级汇报结果。
7. 犯错误要诚心致歉，不要进行过多的辩解，坦白承认的态度最为重要。
8. 要不断学习，提高自我。
9. 要有一个好的开始。
10. 要思考人生中应该如何运用自我。
11. 切忌迟到(应比工作时间提前15分钟上班)，迟到时一定要郑重道歉。
12. 应该认识到公司中工作放在首位。
13. 要常常展示自己勤奋的一面。

제14과 적화보험
第十四课 船货保险

첫째마당 第一部分

새 단어 新单词

적화 (名) 载货	관례 (名) 惯例
보험에 부보하다 (词组) 投保	도난 (名) 偷盗
약관 (名) 条款	파손 (名) 损坏
단독손해부담보 (名) 平安险	장거리 (名) 长距离
분손담보 (名) 水渍险	해상 (名) 海上
전위험담보 (名) 一切险	보험료 (名) 保险费
설명서 (名) 说明书	동일하다 (形) 同样的
적히다 (动) 被记录	거두다 (动) 取得

듣기연습 听力练习

1. 다음 질문에 답하십시오. 请回答下列问题。

   (1) 문장을 듣고 알맞은 말을 빈칸에 쓰십시오 听句子, 将正确答案写在空格处。

   ① 물품을 구입하여 미국으로 보내려고 하는데 (
) 좋습니까?

   ② 해상보험약관에는 (   ) 있습니까?

   ③ 어떤 (   ) 좋겠습니까?

   ④ 특별한 사항이 없는 경우에는 (   ) 가입합니다.

   ⑤ 이번 화물은 환적을 해야 하는데 이 경우 (   ) 따릅니다.

(2) 기본보험조건에 해당되지 않는 것은 무엇입니까? 请选择同基本保险条款不一致的选项。

① 단독손해부담보(FPA)
② 분손담보(WA/WPA)
③ 전위험담보(ALL RISK)
④ 특수부가위험담보조건

(3) 윗글의 내용과 다른 것을 고르세요. 请选择同上午内容不一致的选项。

① 김과장은 화물이 장거리 해상 운송이라 아무래도 FPA나 WPA만으로는 부족하다고 생각한다.
② 이경리는 전위험담보조건(ALL RISK)에 가입하는 것이 가장 좋지만 보험료가 상대적으로 비싸다고 말한다.
③ 이경리는 FPA나 WPA에 부가위험담보조건을 추가로 부보하면 저렴한 보험료로 전위험담보조건(A/R)과 동일한 효과가 있다고 말한다.
④ 김과장은 전위험담보조건(ALL RISK)에 가입할 것을 고집한다.

2. 회화연습 会话练习

다음 문장을 사용하여 아래 대화를 완성해 보세요. 使用给出的句子完成对话。

(1)

> WPA만 부보
> 부가위험담보조건을 추가
> 결정

A: 명확한 지시가 없으시면 관례대로_____.
B: 장거리 해상 운송이라 WPA만으로는 부족할것 같습니다.
A: 하지만_____추가된 보험료를 부담해야 합니다.
B: 추가 보험료를 부담하더라도 보험을 추가로 부보하는 것이 좋겠습니다.
A: 그렇다면 어떤 부가위험담보조건을 추가로 부보하시겠습니까?
B: 먼저 해상 보험에 대한 설명서를 본 다음_____.

(2)

> CIF가격의 110%로 가입
> FOB가격 조건
> 도난이나 파손 위험

제14과 적화보험

A: 보험 금액은 관례대로 _____.
B: _____ 보험은 저희가 가입하지 않습니다.
A: 아, 그렇습니까? 그럼 대한상사에 연락해 보겠습니다.
B: 이번 작업건은 단거리 운송이므로 보험에 들지 않기로 하였습니다.
A: 하지만 환적이 필요한 _____ 따릅니다.
B: 이미 대한상사와 연락하여 보험에 들지 않는 것으로 결정했습니다.

둘째마당 第二部分

새 단어 新单词

해상적하보험 （名）海上货运保险	보상하다 （动）补偿
항공기 （名）飞机	환어음 （名）汇票
통상적이다 （形）通常的	항구 （名）港口
손상을 입다 （词组）受损	확답 （名）确切答复

듣기연습 听力练习

1. 다음 질문에 답하십시오. 请回答下列问题。

   (1) 문장을 듣고 알맞은 말을 빈칸에 쓰십시오 听句子，将正确答案写在空格处。

   ① 해상적하보험이란 선박이나 항공기로 운송되는 화물이 통상적인 운송 과정에서 (_____) 그 손해를 보상하는 보험이다.

   ② 다름이 아니라 이번 (_____) 의논을 드리려고 합니다.

   ③ 이번 화물은 환적을 해야 하는데 지정된 항구에서 환적할 경우 (_____) 따릅니다.

   ④ 다음으로 장거리 해상 운송인 만큼 기후의 영향도 감안해야 하니 아무래도 (_____) 같습니다.

   ⑤ FPA와 WPA 및 (_____) ALL RISK에 가입하는 것이 어떤 지요?

   (2) 환어음에 첨부되어 국제무역거래계약의 이행 수단으로 이용되는 서류가 아닌 것은 무엇입니까? 选择不是连同汇票作为签订国际贸易合同方式的文件。

   ① 해상적하보험증권
   ② 선하증권

③ 상업송장
④ 원산지증명서

(3) 적하 보험 서신과 관련된 내용으로 다른 것은 무엇입니까? 选择同载货保险信函内容不一致的选项。
① 이번에 작업하는 화물에 대한 보험도 관례대로 FPA에만 가입하라는 통보를 받았다.
② 이번 화물은 환적을 해야 하고 장거리 해상 운송인 만큼 아무래도 FPA만으로는 부족할 것 같다.
③ 이번에는 보험료가 너무 많이 나오니 불필요한 보험은 부보하지 않는 것이 좋다.
④ 이번건은 FPA와 WPA 및 일반부가위험담보조건이 다 포함된 ALL RISK에 가입하는 것이 좋겠다.

2. 무역서신작성연습 撰写贸易信函

다음 문장을 사용하여 무역 서신을 완성해 보세요. 使用给出的句子完成贸易信函。

(1)

> 보험 부보 요구 사항에 계약 내용 외의 새로운 항목이 추가
> 기타 보험료는 귀사에서 부담
> 일반부가조건을 추가

보험부보건

하시는 일은 잘 되고 계신지요?
　어제 팩스 내용 중_____.계약대로라면 당사는 WPA만 들게 되어 있습니다. 아시다시피 보험 가입 조건에 따라 보험료율도 변경되므로_____.
　또한 WPA는 일반부가조건을 제외한 기본적인 위험부담이 다 포함되어 있으므로 전쟁위험지대나 국가정세가 불안정한 지대를 제외하고는_____.
　상기 내용을 검토하시고 금일 중으로 회신을 주십시오.
　수고하십시오.

(2)

> ICC A조건에 따라 적하 보험에 가입
> 이의를 제기
> CIF가격의 110%

제14과 적화보험

보험약관에 관한 규정

보내 드린 오퍼 내용 중 보험 약관에 대한 귀사의 회신을 잘 받았습니다. 중국내 수출 제품은 본래 중국인민보험회사의 규정에 따라 가입하는 것이 관례입니다. 하지만 귀사가 특별히 ICC약관에 따를 것을 요구한 관계로_____
_____.

단, 귀사가 보험 금액을 계약서상 CIF가격에 예상 마진을 25%더하여 정할 것을 요청 한 데 대하여 현지 보험 회사에서_____.
아시다시피 관례에 따르면_____.보험 금액에 대하여 다시 한번 검토해 보시기 바랍니다.

회신 기다리겠습니다.

실전연습 实战练习

(1) 선적 화물의 적화 보험 부보에 관하여 바이어와 상담을 해 보세요. 请同客户商议装船货物投保装载保险事宜。

(2) 아래 제시 내용에 근거하여 보험부보건에 관한 무역서신을 작성하세요. 根据下列内容撰写保险投保贸易信函。

> 바이어가 제시한 보험 금액이 너무 높음
> 계약에는 FPA에 가입하기로 되어 있음
> 바이어가 전쟁 보험에 가입할 것을 요구함

货物保险的险别 (적하 보험의 종류)

中国人民保险公司（PICC）规定的海运货物保险条款, 主要有基本险和附加险两大类, 详见下表：

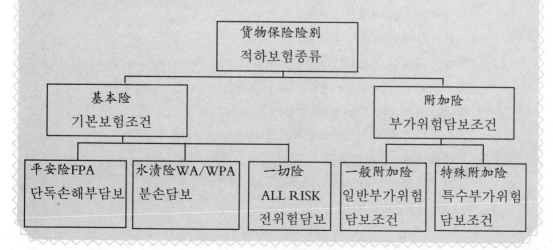

1. 基本险(기본보험조건)：又称主险，包括平安险、水渍险和一切险。
   （1）平安险（Free from Particular Average，简称FPA，단독손해부담보）
       平安险的承保责任范围包括：由于自然灾害和意外事故所导致的货物的全部损失；由于运输工具遭受意外事故而造成货物的全部或部分损失；在运输工具已经发生意外情况下，货物在此前后又在海上遭受自然灾害所造成的部分损失；在装卸或转运时，由于一件或数件整件货物落海造成的全部或部分损失；共同海损的牺牲、分摊以及救济费用、施救费用等。
   （2）水渍险（With Average或With Particular Average，简称WA或WPA，순손담보）
       水渍险的承保责任范围包括：除上述平安险的各项责任之外，保险公司还负责被保险货物由于恶劣气候、雷电、海啸、地震、洪水等自然灾害所造成的部分损失。
   （3）一切险（All Risks，전 위험담보）
       投保一切险候，保险公司除了承担平安险和水渍险的各项责任外，还对被保险货物在运输途中由于一般外来原因而遭受的全部或部分损失负赔偿责任。

2. 附加险（부가위험담보조건）：附加险是对基本险责任的补充和扩大。在进出口业务中，进出口商除了投保上述基本险别外，还可根据货物的特点和实际需要，酌情在选择若干适当的附加险别。附加险别包括一般附加险和特殊附加险。
   （1）一般附加险（General Additional Risks，일반부가위험담보조건）
       一般附加险作为一个单独的项目投保，只能在投保平安险或水渍险的基础上，根据货物的特性和需要再加保一种或若干种一般附加险。如果加保所有的一般附加险，这就叫投保一切险。可见一般附加险被包括在一切险的承保范围之内，故在投保一切险时，不存在再加保一般附加险的问题。
       一切险＝平安险＋水渍险＋一切一般附加险
       常见的一般附加险有：
           偷窃、提货不着险（Theft, Pilferage and Non-delivery Risks, T.P.N.D.）
           淡水雨淋险（Fresh Water and Rain Damage Risks）
           渗透短量险（Leakage & Shortage Risks）
           混杂、玷污险（Intermixture & Contamination Risks）
           破碎险（Breakage Risks）
           受潮受热险（Sweating & Heating Risks）
           钩损险（Hook Damage Risk）

제14과 적화보험

（2）特殊附加险（Special Additional Risks，특수부가위험담보조건）

　　特殊附加险不包括在一切险的范围之内，即使投保人投保了一切险，仍须与保险人特别约定，经保险人特别同意之后，才能把特别附加险的责任包括在承保范围之内。

常见的特殊附加险有：

战争险（War Risk）

罢工、暴动、民变险（Strikes, Riots And Civil Commotions）

舱面险（On Deck Risk）

变货不到险（Failure to Deliver Risk）

제15과 전자상거래
第十五课 电子商务

첫째마당 第一部分
새 단어 新单词

이루어지다 （动）形成
활용하다 （动）活用
행하다 （动）进行
배달 （名）送货
의미하다 （动）意味着
시스템 （名）系统
구조 （名）构造
분야 （名）领域
범위 （名）范围
확대하다 （动）扩大
유통 （名）流通
경로 （名）途径
줄이다 （动）缩短、缩小
절감하다 （动）节俭、减少
쌍방향적으로 （副）双向地
즉각적이다 （形）立即的，即时的
수요자 （名）需要者
비중을 차지하다 （词组）占比重
매체 （名）媒体
통신망 （名）通讯网
결합하다 （动）结合
재화 （名）商品

용역 （名）服务
초기 （名）初期
주를 이루다 （词组）形成主流
게임 （名）游戏
동영상 （名）视频
디지털 （名）数码
영역 （名）领域
파괴되다 （动）被破坏
조달 （名）筹措、筹集
공시하다 （动）公告
가상 （名）假想，虚拟
상점 （名）商店
조달청 （名）物资厅
입찰하다 （动）投标
납품권 （名）供货权
따다 （动）摘取
이동 （名）移动
발주 （名）订货
수주 （名）接受订货
판촉 （名）促销
강점을 보이다 （词组）有优势
일대일 （名）一对一

제15과 전자상거래

경매 （名） 竞拍	본격적이다 （形） 正式的
중고품 （名） 二手货	시험 삼다 （词组） 作为试验
모델 （名） 模式	확장하다 （动） 扩张

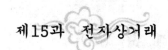

1. 다음 질문에 답하십시오. 请回答下列问题。

   (1) 문장을 듣고 알맞은 말을 빈칸에 쓰십시오 听句子，将正确答案写在空格处。

   ① 인터넷상의 비즈니스와 네트워크를 활용하여 행해지는 계약, 주문, 배달, 대금 청구 및 지불에 이르는 (   ).

   ② 인터넷 전자상거래가 쇼핑 문화, 기업간 거래 방식, 금융 시스템, 정부 구조 등 (   ) 가져오고 있습니다.

   ③ 인터넷을 통하여 (   ),유통 경로를 줄여 불필요한 거래 비용을 절감할 수 있습니다.

   ④ 기업이 전자적 매체를 통신망과 결합하여 (   ) 거래하는 행위로,……

   ⑤ 소비자끼리 서로 (   ) 하는 것을 의미합니다.

   (2) 전자상거래의 설명으로 틀린 것을 고르세요. 选择同电子商务介绍不一致的选项。

   ① 기업간 또는 기업과 고객간의 거래가 전자 정보를 통해 이루어지는 것이다.
   ② 사회 전분야의 모습을 바꿔가고 변화를 가져오고 있다.
   ③ 고객이 원하는 내용을 쌍방향적으로 즉각적인 대응이 가능하다.
   ④ 비용이 많이 들고 사용이 복잡하다.

   (3) 전자상거래의 형태의 설명으로 틀린 것을 고르세요. 选择同电子商务形态介绍不一致的选项。

   ① B2C는 기업과 소비자간의 전자상거래로 현재 많은 비중을 차지하는 유형이다.
   ② B2G는 기업과 정부간의 거래로 기업이 정부를 대상으로 조달청에 입찰하여 정부 납품권을 따내는 것 등을 예로 들 수 있다.
   ③ B2B는 일반적인 쇼핑몰과 같이 기업이 개인 고객을 대상으로 하는 전자상거래이다.
   ④ C2C는 소비자와 소비자간의 전자상거래로, 소비자끼리 서로 인터넷을 이용하여 일대일의 거래를 하는 것을 의미한다.

商务韩语听说（下）

2. 회화연습 会话练习

다음 문장을 사용하여 아래 대화를 완성해 보세요. 使用给出的句子完成对话。

(1)

```
광주 교역회에서 알다
홈페이지를 방문하다
상품을 확인한 후
```

A: 지난번_____.

B: 그렇습니까?연락 주셔서 감사합니다.

A: 저희는 귀사의 제품에 대해 관심이 많습니다. 그래서 귀사의 취급 품목에 대해 좀 더 자세하게 알고 싶습니다.

B: 그러시다면_____.그 곳에서 저희 취급 품목에 대해 자세하게 알 수 있습니다.

A: 알겠습니다. 귀사 홈페이지에서_____.

B: 고맙습니다. 그럼 연락을 기다리겠습니다.

(2)

```
다양한 제품이 소개되다
생산 제품과 유사하다
거래 조건
```

A: 귀사 홈페이지를 통해 귀사 상품을 살펴 보았습니다._____.

B: 감사합니다. 어떤 제품에 관심이 있으신가요?

A: 등산복 제품 중에서 T-4322제품이_____. 혹시 T-4322샘플을 보내 줄 수 있습니까?

B: 있습니다. 샘플을 보내 드리도록 하겠습니다.

A: 샘플을 보내 주실 때 가격과 생산 일자 등_____.

B: 알겠습니다. 같이 보내 드리겠습니다.

제15과 전자상거래

둘째마당 第二部分

전자상거래와 전통적 상거래와의 비교

구 분	전자상거래	전통적인 상거래 방식
유통 채널	기업↔소비자	기업→도매상→소매상→소비자
거래대상 지역	전세계 (Global Marketing)	일부지역 (Closed Clubs)
거래 시간	24시간	제약된 영업시간
고객수요 파악	온라인으로 수시 획득 재입력이 필요없는 디지털정보	영업사원이 획득 정보 재입력 필요
마케팅 활동	쌍방향통신을 통한 1대 1 Interactive Marketing	구매자의 의사와 무관 일방적 마케팅
고객 대응	수요를 신속히 포착하고, 즉시 대응	수요포착이 어렵고, 대응 지연
판매 거점	가상공간	판매공간

새 단어 新单词

구분 （名） 区分	제고시키다 （动） 使……提高
유통 （名） 流通	매장 （名） 卖场
채널 （名） 渠道	유지비 （名） 维持费用
소비자 （名） 消费者	마진 （名） 利润
도매상 （名） 批发商	높이다 （动） 提高
소매상 （名） 零售商	문서 （名） 文件
제약되다 （动） 被制约、被限制	교환 （名） 交换
파악 （名） 掌握	회원 （名） 会员
온라인 （名） 在线	자사 （名） 自己公司
수시 （名） 随时	취향 （名） 爱好
획득 （名） 获得	분류되다 （动） 被分类
재입력 （名） 再次输入	유도하다 （动） 引导
영업사원 （名） 营销人员	광고비 （名） 广告费
마케팅 （名） 市场	고정 （名） 固定
의사 （名） 意思、意愿	운영비 （名） 经营费用
무관 （名） 无关	간접 （名） 间接
포착하다 （动） 捕捉	무점포 （名） 无店铺
거점 （名） 据点、地点	임대 （名） 租赁
측면 （名） 层面	고용 （名） 雇佣

商务韩语听说（下）

듣기연습 听力练习

1. 다음 질문에 답하십시오. 请回答下列问题。

   (1) 문장을 듣고 알맞은 말을 빈칸에 쓰십시오 听句子，将正确答案写在空格处。
   ① 전자상거래는 (   ) 자유롭다.
   ② 소비자를 직접 상대할 수 있어 도매점, 소매점 등의 (   ) 줄여 비용을 절감한다.
   ③ 고객이 흥미를 가질 만한 (   ) 구매를 유도할 수 있다.
   ④ 인터넷을 통한 (   ) 고객Service 측면에서 보다 빠르게 대응할 수 있습니다.
   ⑤ 제품 판매를 위한 매장 확보를 위한 구입, (   ) 줄어듭니다.

   (2) 전자상거래의 특징으로 잘못된 것을 고르세요. 选择不符合电子商务特征的选项。
   ① 영업 시간의 제약없이 24시간 고객과의 거래가 가능하고, 전국, 전세계를 시장으로 마케팅이 가능하다.
   ② 중간 유통 단계를 줄여 비용을 절감함으로써 가격 경쟁력을 높인다.
   ③ 고객과 인터넷을 통한 즉각적인 대응이 가능하다.
   ④ 점포와 종업원이 있어야 한다.

   (3) 전자상거래와 전통적 상거래에 대한 설명으로 틀린 것을 고르세요. 选择对电子商务和传统商务介绍错误的选项。
   ① 전자상거래는 기업과 소비자간 직접 거래가 가능하지만 전통적 상거래는 도매상, 소매상의 단계를 거친다.
   ② 전자상거래는 전세계를 대상으로 할 수 있으나 전통적 상거래는 일부 지역을 대상으로 한다.
   ③ 전자상거래는 가상 공간을 사용하고 전통적 상거래는 점포 등 판매 공간이 있어야 한다.
   ④ 전자상거래는 영업 시간의 제약을 받지만 전통적 상거래는 영업 시간의 제약이 없다.

2. **회화연습** 撰写贸易信函
   다음 문장을 사용하여 아래 대화를 완성해 보세요. 使用给出的句子完成对话。

제15과 전자상거래

(1)

```
제품에 샘플을 보내다
인터넷 상에서 찾다
시간과 비용을 줄이다
```

A: 인조 가죽 제품에 대해 알아보았으면 합니다.
B: 먼저 원하는_____.
A: 그럼 샘플을 보내 드리겠습니다. 그런데 어떻게 찾으실 겁니까?
B: _____.저희 제품과 관련된 회사를 찾아 샘플을 의뢰해 보겠습니다.
A: 아! 그러면 되겠군요. 일부러 출장을 가지 않아도 쉽게 찾을 수 있겠군요.
B: 그렇습니다._____.

(2)

```
단체 옷을 구입하다
제품 주문하다
품질을 잘 알 수 없다
```

A: 이번에 저희 회사에 직원 야유회가 있어서_____,
아시는 곳이 있으시면 소개해 주십시오.
B: 인터넷에서 검색해 보십시오. 직접 가게에 가지 않아도 되기 때문에 시간을 절약할 수 있습니다.
A: 원하는 샘플을 볼 수가 있을까요?
B: 그럼요, 인터넷상으로 다양한 제품을 볼 수가 있습니다._____
_____.
A:품질은 어떻게 알수 있지요? 사진만으로는 아무래도_____
_____?
B: 샘플을 보내 달라고 하면 됩니다. 인터넷상으로 원하는 제품을 선택 후에 샘플을 먼저 보내 달라고 한 후, 그 후에 주문하시면 됩니다.

실전연습 实战练习

(1) 전통적 상거래가 전자상거래로 변화되면서 어떤 점이 달라지는지 이야기해 보세요. 请谈谈传统商务向电子商务转变的过程中都发生了哪些变化。

商务韩语听说（下）

(2) 바이어에게 회사 홈페이지를 소개하고 제품의 주문에 관해서 이야기 나누어 보세요. 请向客户介绍公司网站，谈论订货事宜。

전자상거래

　　전자상거래는 인터넷이 보편화되기 이전에도 기업간 문서를 전자적 방식으로 교환하거나, PC통신의 홈쇼핑·홈뱅킹 등 다양한 형태로 존재해 왔으나, 인터넷이 대중화되면서 전자상거래는 인터넷상에서의 거래와 관련지어 생각하게 되었다.

　　협의의 전자상거래란 인터넷상에 홈페이지로 개설된 상점을 통해 실시간으로 상품을 거래하는 것을 의미한다. 거래되는 상품에는 전자 부품과 같은 실물뿐 아니라, 원거리 교육이나 의학적 진단과 같은 서비스도 포함된다. 또한 뉴스·오디오·소프트웨어와 같은 디지털 상품도 포함되며, 이들의 비중이 점차 높아지고 있다.

　　광의의 전자상거래는 소비자와의 거래뿐만 아니라 거래와 관련된 공급자, 금융기관, 정부기관, 운송기관 등과 같이 거래에 관련되는 모든 기관과의 관련행위를 포함한다. 전자상거래 시장이란 생산자(producers)·중개인(intermediaries)·소비자(consumers)가 디지털 통신망을 이용하여 상호 거래하는 시장으로 실물시장(physical market)과 대비되는 가상시장(virtual market)을 의미한다.

　　전자상거래는 기존의 조세 및 관세의 변화로 정부 수입에 영향을 주고 통화 및 지불 제도에 대해 새로운 제도를 도입해야 하고, 거래 인증·거래 보안·대금 결제·소비자 보호·지적 소유권 보호 등에 관하여 새로운 정책을 수립해야 한다. 기업은 내부적으로 고객 서비스를 향상시키고, 비용을 절감하며, 외부적으로는 시장이 전세계로 확대되어 나갈 것이다.

　　전자상거래로 이루어지는 경제 활동을 디지털 경제(digital economy)라 하며, 미래는 실물 경제와 디지털 경제가 경제 활동의 양대 축을 이룰 것으로 전망된다. 전자상거래는 정보 통신 기술과 정보 시스템 개발 기술의 발전으로 나타나는 새로운 사회 제도이며 새로운 문화라 할 수 있다. 이는 인간의 경제 생활은 물론 의식 구조와 사회 구조에 획기적인 변화를 초래하는 계기가 될 것이다.

电子商务

　　在因特网被广泛普及之前，企业之间就已经采用电子方式传递文件，通过电脑进行的网络购物、网络银行等就已经存在，但随着网络的普及，人们开始把电子商务同网络商务联系起来。

　　狭义上的电子商务是指在网络上建立网页店铺，在线交易商品，进行交易的商品不但有类似电子产品零部件这样的实际物品，还有远程教育、医学诊断等服务性

제15과　전자상거래

内容，同时也包括新闻、影像、软件等数码产品，而且这类产品的比重日益提高。

从广义上来看，电子商务不仅仅是同消费者之间的贸易，同时也包括与贸易往来相关的同卖家、金融机构、政府机关、物流公司等的一系列行为。所谓电子商务市场是指厂家(producers)、中间商(intermediaries)、消费者(consumers)通过数字通信网进行相互交易的市场，即同实物市场(physical market)相对的虚拟市场(virtual market)。

电子商务的产生为原有的租税、关税带来一定的变化，对政府收入产生影响，同时也对通货、支付制度提出了新的制度上的需求，这就需要对交易认证、交易保安、资金结账、消费者保护、知识产权保护制定新的政策，企业对内要提高服务质量，降低费用，对外要向全世界扩大市场。

通过电子商务实现的经济活动被称为数字经济(digital economy)，据估计，在未来实物经济和数字经济将是经济活动的两大中枢。电子商务是信息通信技术和信息系统开发技术发展而产生的新的社会制度，也是一种新的文化。这对人类的经济生活、意识结构、社会结构都会带来具有划时代意义的巨大变化。

答 案

제1과　신용장
第一课　信用证

듣기연습 1　听力练习

1. (1) ① 주문 명세서와 신용장을
        ② 상세히 명시되어
        ③ L/C를 이미 개설했다고
        ④ 분할 선적이 허용되어
        ⑤ 빨리 수정을 해
   (2) ①
   (3) ③

2. (1) 지금쯤이면 도착되었어야 하는데…….
       통지 은행에 연락해서 그 문제를 좀 알아봐 주시겠습니까?
       내일까지 도착하지 않으면, 선적 일짜를 맞추는 데 문제가 생기게 됩니다.
   (2) 계약서와 다르게 나왔습니다.
       계약서에는 분할 선적이 허용되어 있는데 신용장에는 금지하는 걸로 되어 있습니다.
       수정을 부탁 드립니다.

듣기연습 2　听力练习

1. (1) ① 특정 조건하에 보증하는 서류
        ② 약속된 시간에 신용장을 받지 못하여
        ③ 원부자재 구입 및 제품 생산에 관한 스케줄 조정이
        ④ 납기를 못 맞추게 될까
        ⑤ 바로 L/C OPEN을 할테니
   (2) ③
   (3) ④

2. (1) 계약서번호-FW098030에 대한 신용장 개설을 귀사에 요청하였습니다.

당사의 계약서를 받는 즉시 신용장을 개설하기로 서로가 약속한 것을 명심해 주셨으면 합니다.

　　　신용장을 개설하여 주십시오.
(2) 선적일이 계약서와 맞지 않으니 수정바랍니다.

　　　수량,단가 사항이 발주서 및 계약서와 맞지 않습니다.

　　　확인하셔서 연락 주시기 바랍니다.

실전연습　实战练习

(1) A: 신용장은 언제 개설하실 수 있습니까?

　　B: 9월20일까지는 할 수 있습니다.

　　A: 정해진 날짜에 물품을 선적하려면 신용장을 빨리 개설해야 합니다.

　　B: 예,알겠습니다.

　　A: 신용장에는 어떤 조건들이 명시되나요?

　　B: 분할 선적 및 환적이 가능하고 제품 선적 전에 품질 검사를 받아야 합니다. 자세한 사항은 주문서를 참조해 주십시오.

(2) A: 귀사 신용장 335569번에 대한 수정을 부탁 드리고 싶습니다.

　　B: 어떻게요?

　　A: 계약서에는 분할 선적이 허용되어 있는데 신용장엔 금지하는 걸로 되어 있습니다.

　　　그리고 제품 수량이 계약서보다 적어졌습니다.

　　B: 저희가 신용장 개설 신청을 할 때 실수를 한 모양입니다.

　　A: 그러면 가능한 한 빨리 수정을 해 주시겠습니까?

　　B: 알겠습니다. 지금 바로 수정하겠습니다.

(3)

신용장 개설 요청

　김과장님

　오랫만에 연락을 드립니다. 하시는 일은 잘 되고 계신지요?

　다름이 아니고 계약서 번호FW-20090915에 대한 신용장 개설 준비가 다 되었는지 확인차로 연락을 드립니다.

　계약서에 규정된 신용장 개설 마감일이 3일밖에 남지 않았으니 바쁘시겠지만 미리 준비를 하셨으면 합니다.

　참고로 저희는 자재 구입과 제품 생산에 관한 스케줄 작성 및 생산 준비를 다 마친 상태이므로 신용장을 받는 대로 바로 오더 진행을 시작할 것 입니다.

　신용장을 개설하기 전에 우선 신용장 개설 신청서를 팩스로 넣어 주시면 저희가 이상이 없는지 확인하도록 하겠습니다.

　그럼 안녕히 계십시오.

류주임 올림

商务韩语听说（下）

제2과 품질
第二课 质 量

듣기연습 1 听力练习

1. (1) ① 품질을 생각해서 실을 잘
       ② 특수 가공 처리를 했기 때문에
       ③ 다른 것과는 다릅니다.
       ④ 그대로 가지고 있으면서
       ⑤ 매우 공을 드린데다가 정교한 방법으로
   (2) ③
   (3) ①

2. (1) 타사 제품보다 품질이 우수합니다.
       무게가 훨씬 가볍습니다. 그래서 휴대가 아주 간편합니다.
       가격도 타사 제품에 비해 저렴합니다.
   (2) 그 흠집들은 반드시 해결하셔야 합니다.
       지난번과 똑같은 상태로 그 상품이 도착한다면,
       제가 개인적으로 책임을 지겠습니다.

듣기연습 2 听力练习

1. (1) ① 시장의 경제력을 지배하는
       ② 품질의 균형을 유지하며
       ③ 제조 가공품인 경우에는
       ④ 선적할 때에 서로가 동의한 검점기관에서 품질 검사를
       ⑤ 선적 시점에서 완료되는
   (2) ④
   (3) ③

2. (1) 품질은 어떤 조건으로 하려고 합니까?
       양륙 품질 조건으로 하기를 바랍니다.
       모든 수입 농산물은 재검사를 받아야 하기 때문입니다.
   (2) 견본 제품의 품질이 꽤 양호하더군요.
       그만한 가격으로 구입할 수 있는 것 중에서 최고의 품질입니다.
       제품의 품질은 확실히 견본과 동등해야 합니다.

실전연습 实战练习

(1) A:이 천은 정말 좋군요. 운동 후 흘린 땀이 밖으로 배출됩니까?

答 案

B: 물론 입니다. 특수 소재를 사용하여 땀이 배출될 뿐만 아니라 방수 효과와 방한 효과도 있습니다.
A: 알겠습니다. 그럼 천의 짜임은 어떻습니까?
B: 보시다시피 원사의 꼬임상태와 천의 짜임이 모두 매우 촘촘합니다.
A: 촉감도 매우 부드럽네요.
B: 원단 표면에 특수 가공 처리를 했기 때문에 다른 원단에 비해 촉감이 아주 부드럽습니다.

(2) 　의류 등 제조 가공품인 경우에는 실물 견본을 보내서 상품의 품질을 결정하는 거래, 즉 견본매매(sale by sample) 거래 방식을 사용합니다. 그 이유는 제품마다 요구사항에 따라 품질의 기준이 다르고 생산된 제품의 품질도 다르기 때문입니다.

(3) 　제품의 품질은 가격과 함께 시장의 경쟁력을 결정하는 매우 중요한 요소입니다. 또한 기업이 장기적으로 성장해 가기 위해서는 무엇보다도 제품의 품질이 중요합니다. 기타 서비스가 아무리 좋아도 제품의 품질이 좋지 않으면 소비자로부터 외면을 받기 때문입니다.

　좋은 품질이 소비자에게 주는 신뢰성에 따라 기업의 신용 뿐만 아니라 국가의 신용도 평가됩니다. 따라서 생산자는 품질의 균형을 유지하며 상품의 품질 관리에 노력해야 합니다.

제3과 　환율
第三课 　汇　率

듣기연습 1 　听力练习

1. (1) ① 오를 것이라고 들었는데
　　　 ② 어떤 영향을 받게
　　　 ③ 세계 경제에 심각한 영향을
　　　 ④ 수출하기가 점점 더 어려워질
　　　 ⑤ 대량의 제품을 주문하기가
　 (2) ②
　 (3) ②

2. (1) 인민폐의 가치가 오를 것이라고 합니다.
　　　 인민폐의 가치가 오르면 결제 문제가 어렵게 됩니다.
　　　 저도 그러기를 빌고 있습니다.
　 (2) 달러 가치가 계속 하락할까요?
　　　 수출하기가 점점 더 어려워질 테니까요.

商务韩语听说（下）

인민폐가 평가 절상되기 때문이죠.

듣기연습 2 听力练习

1. (1) ① 국제 무역에 민감한 반응을
      ② 환율이 오르지 않기를
      ③ 수입선을 돌리는 한국 바이어들도
      ④ 계약한 물량에 대한 대금 결제가
      ⑤ 대량의 제품 주문은
   (2) ①
   (3) ④

2. (1) 인민폐에 비해 원화의 가치가 크게 떨어졌습니다.
      수입 상품에 대한 대금결제에 심각한 어려움을 겪고 있습니다.
      수출 물량도 이전과 비교해서 정말 많이 줄었습니다.
   (2) 한국의 상품가격이 왜 이렇게 싸졌지요?
      한국돈의 가치가 크게 떨어졌다는 뜻이군요.
      한국 상품을 싼 가격으로 수입

실전연습 实战练习

(1) 달러 환율 상승이란 달러의 가치가 높아졌다는 뜻입니다. 즉 1달러에 한국돈 900원에서 1달러에 1300원으로 환율이 상승했다면, 이전과 비교에서 1달러에 400원만큼 달러 가치가 오른 것입니다.

달러 환율 하락이란 달러의 가치가 떨어진 것을 뜻합니다. 예를 들어 1달러에 한국돈 1300원에서 1달러에 900원으로 환율이 하락했다면 이전과 비교 달러의 가치는 1달러에 400원만큼 떨어진 것입니다.

인민폐 평가 절상이란 인민폐의 가치가 상대적으로 오른 것을 뜻합니다. 예를 들어 인민폐 1위엔이 한국돈 140원에서 200원으로 환율이 변했다면 전과 비교하여 인민폐의 가치가 60원만큼 상대적으로 오른 것입니다.

인민폐 평가 절하란 인민폐의 가치가 상대적으로 내린 것을 뜻합니다. 예를 들어 인민폐 1위엔이 한국돈 200원에서 140원으로 환율이 변했다면 인민폐의 가치가 60원만큼 상대적으로 내려간 것입니다.

(2) A: 중국의 인민폐 가치가 요즘 계속 오르고 있어서 수입 상품 대금 결제에 어려움이 많습니다.
   B: 알고 있습니다. 최근들어 원화에 대한 인민폐의 가치가 많이 올라서 저희 역시 한국 수출 물량이 많이 줄어들었습니다.
   A: 이대로라면 앞으로 중국에서 상품을 대량으로 주문하기가 점점 어려워집니다.
   B: 금년에는 거래 물량이 이전과 비교해서 많이 줄어들었는데, 그렇다고 환율로 인해 오른 상품 가격을 내릴 수도 없습니다.
   A: 앞으로 인민폐 가치가 계속 오를 것 같습니까?

B: 글쎄요. 지금으로서는 정확히 이야기할 수는 없지만, 더 이상 오르지는 않을 것 같습니다. 많은 사람들이 연말쯤에는 내릴 것으로 예상하고 있습니다.

(3) 인민폐의 가치가 상승한다면 중국 상품의 수출 가격이 오르기 때문에 한국으로의 수출 물량이 점점 줄어들 것이고 수입 업자는 이전보다 비싼 가격으로 상품을 수입해야 하기 때문에 중국 수입 상품을 줄이고 비교적 상품 가격이 저렴한 나라에서 상품을 수입할 것입니다.

제4과 생산
第四课 生　产

듣기연습 1 听力练习

1. (1) ① 겨울 시즌을 대비하여
       ② 늦어도 11월까지는 완료될
       ③ 꼭 된다고 장담은 못하지만
       ④ 주문을 받을수가 없습니다
       ⑤ 그 일을 다 해낼 수가 없기에
   (2) ④
   (3) ③

2. (1) 아무리 늦어도 11월까지는 완료될 겁니다.
       그러면 좀 무리가 따릅니다.
       꼭 된다고 장담은 못하지만,
   (2) 귀사의 주문을 받아들일 수가 없습니다.
       저의 공장이 이미 다른 주문들로 너무 바빠 조금도 여유가 없습니다.
       전화번호와 팩스번호를 알려 드리겠습니다.

듣기연습 2 听力练习

1. (1) ① 다시 한번 전화를 걸어 확인해
       ② 11월이 되어야 선적가능하다고
       ③ 생산을 앞당겨 줄 것을 독촉
       ④ 항상 일정하게 있는 것이 아니고
       ⑤ 주문을 거절할 수밖에
   (2) ①
   (3) ②

2. (1) 귀사가 이 일을 맡아주실 의향이 있습니까?
      귀사는 믿을 수 있고 잘 한다는 것을 알고 있습니다.
      제게 맡기세요.
   (2) 그래서 불가피하게 다른 공장으로 생산을 의뢰하였습니다.
      제품 품질에는 이상이 없겠습니까?
      그렇다면 알아서 진행시켜 주십시오.

실전연습   实战练习
   (1) A: 주문한 상품에 생산이 예정대로 진행되는지 궁금해서 전화 드렸습니다.
      B: 원부자재가 늦게 도착해서 생산이 예정보다 조금 늦어졌습니다.
      A: 그럼 언제쯤 생산이 완료될 것 같습니까?
      B: 이번 주에 생산을 시작하였으니, 늦어도 다음달 중순에는 완료될 것 같습니다.
      A: 그렇게 오래 걸리면 곤란합니다. 이번달 안으로 생산이 끝나야 합니다.
      B: 원부자재가 늦게 도착했기 때문에 저희로서는 어쩔 수 없습니다.
      A: 그렇더라도 최대한 생산을 앞당겨 주시기 바랍니다. 바이어와 이미 이번 달 안으로 선적할 것을 약속하였습니다.
      B: 정그러시다면 다음 달 초에 선적하는 것은 어떻습니까? 저희도 최선을 다해 생산 일자를 앞당겨 보겠습니다.
      A: 생산을 앞당겨 주기를 꼭 좀 부탁 드립니다. 저 역시 바이어에게 전화를 걸어서 양해를 구해보겠습니다.
      B: 알겠습니다. 최대한 노력해 보겠습니다.
   (2) A: A-100 제품을 추가로 6000개를 주문하고 싶습니다. 어제쯤 선적이 가능하겠습니까?
      B: 죄송하지만 추가 주문을 받을 수가 없습니다. 현재 공장이 다른 주문들로 너무 바빠 조금도 여유가 없습니다.
      A: 이거 큰일인데요. 그럼 귀사가 추천할 만한 다른 회사가 없을까요? 품질의 수준이 귀사정도 되는 회사로요.
      B: 그럼 제가 알아 본 후에 연락을 드리겠습니다.
      A: 꼭 좀 부탁 드리겠습니다.
      B: 알겠습니다. 바로 연락 드릴 테니 걱정하지 마십시오.

제5과   공장방문
第五课 拜访工厂

듣기연습 1   听力练习
1. (1) ① 공항에서 공장까지 모셔다 드릴 차를

　　　② 마중을 나가겠습니다
　　　③ 교차로에서 왼쪽으로 돌면
　　　④ 공장 안내는
　　　⑤ 기술상의 어떤 의문이
　(2) ②
　(3) ①

2. (1) 저는 서울에서의 볼일이 끝나는대로 북경으로 떠나려고 합니다.
　　　공항에서 공장까지 모셔다 드릴 차를 준비해 놓겠습니다.
　　　1시에 공항에 도착합니다.
　(2) 네, 저기 저 교차로에서 왼쪽으로 돌면 바로 회사에 도착합니다.
　　　손선생님부터 만나뵈어야 합니다.
　　　그 분이 공장장이고 공장 안내를 해 줄 겁니다.

듣기연습 2　听力练习

1. (1) ① 공장을 방문하여 제품 검사를
　　　② 검품 합격된 제품은 선적을
　　　③ 제품 검사 계획을 잡으시고
　　　④ 선적 일자대로 선적할 수 있도록
　　　⑤ 출장 스케줄은 비행기표가
　(2) ②
　(3) ④

2. (1) 일주일 후면 전량 완성될 것 같습니다.
　　　검사 일정이 잡히는 대로 통보해 주십시오.
　　　선적할 수 있도록 최선을 다 하겠습니다.
　(2) 월요일에 제품검사를 하도록 스케줄을
　　　그밖에 의문사항이 있으시면 언제든지
　　　품질에 끝까지 신경을 써 주시기

실전연습　实战练习

　(1) A: 언제 중국으로 출장을 오십니까?
　　　B: 이번주 토요일에 갈 예정입니다.
　　　A: 그렇습니까? 오시기 전에 미리 비행기편과 도착 시간을 알려주시면 공항으로
　　　　 마중을 나가도록 하겠습니다.
　　　B: 감사합니다. 비행기표가 예약되면 연락을 드리겠습니다.
　　　A: 알겠습니다. 그럼 연락을 기다리겠습니다.
　　　B: 예, 안녕히 계십시오.
　(2) A: 생산 진행 상황이 어떻습니까?

B: 순조롭게 진행되고 있습니다. 다음주면 제품이 완성됩니다.
A: 그렇다면 다음주에 제품검사를 하도록 하겠습니다. 어떻습니까?
B: 좋습니다. 다음주 금요일에 제품 검사를 받을 수 있도록 준비하겠습니다.
A: 알겠습니다. 그 날에 제품 검사를 하는 것으로 스케줄을 잡겠습니다.
B: 그리고 제품 선적은 언제 하는 것이 좋겠습니까?
A: 제품 검품시 문제가 없다면 바로 선적을 해도 괜찮습니다.
B: 알겠습니다. 일정에 차질이 없도록 준비하겠습니다.

제6과　검품 및 포장
第六课　验货及包装

듣기연습 1 听力练习

1. (1) ① 검품 보고서도 있어야 하는 걸로
       ② 불량품으로 규정
       ③ 지시서대로만 만들었다면
       ④ 안전하게 도착할 수 있도록
       ⑤ 안전을 위해 특별 포장을
   (2) ①
   (3) ④

2. (1) 최종 검품을 누가 할 겁니까?
       생산이 완료되는대로 올 겁니다.
       작업지시서대로만 만드시면 문제는 전혀 없을 겁니다.
   (2) 저희가 낸 주문이 모두 200카톤이 맞습니까?
       지금 한번 확인해 보겠습니다.
       불량품이 발견되어서 2카툰이 줄었습니다.

듣기연습 2

1. (1) ① 합격 검품 보고서가 있어야
       ② 약간의 과부족이
       ③ 상품의 파손이 생길 수 있으므로
       ④ 상품의 가치를 향상시키고
       ⑤ 송장과 대조하여 쉽게 구별할 수 있도록
   (2) ④
   (3) ①

2. (1) 어떻게 포장하는지 궁금합니다.
   구매자들의 시선을 끄는 포장이었으면 합니다.
   한번 보고 마음에 쏙 들었으면 합니다.
   (2) 종이상자는 가볍기 때문에 운반하기가 편리합니다.
   아무래도 포장이 파손될 것이 걱정됩니다.
   하지만 포장 비용이 많이 듭니다.

실전연습   实战练习

(1) A: 상품 검사 준비가 다 되었습니까?
    B: 예. 다 되었습니다. 그런데 이번 상품 검사는 누가 합니까?
    A: 박대리가 할 것입니다. 검사 준비가 다 되었으니 내일 공장으로 갈 겁니다.
    B: 그렇습니까? 박대리님의 검품은 무척 까다로운데요. 조그만 결함도 불량품으로 처리합니다.
    A: 그렇게 까다로운 것도 아니지요. 작업지시서대로만 만들었다면 문제는 전혀 없게 될겁니다.
    B: 내일 몇 시에 공장에 도착합니까?
    A: 오전 10시에 도착할 예정입니다.
    B: 알겠습니다. 준비하고 기다리고 있겠습니다.

(2)   검품보고서란 선적 전에 제품의 품질 상태를 최종적으로 확인하는 것으로 보통 제품 검품자가 작성을 합니다. 검품보고서는 선적 서류에 첨부되어서 신용장 네고시에 제시하도록 하는 경우도 있습니다.
        과부족용인조건은 완제품의 수량이 계약서와 약간의 과부족이 발생할 경우 일정 과부족이 발생해도 클레임을 하지 않고 과부족 분에 대하여 계약가격으로 정산하면 되도록 서로 계약서상에 명시한 것입니다.
        하인은 본인의 화물을 다른 화물과 구분하기 위해서 포장 겉면에 특정의 기호나 표시를 하는 것으로, 운송 도중이나 하역 작업 중에서 어느 화물이 수화인의 것인가를 송장과 대조하여 쉽게 구별할 수 있도록 한 것입니다.

제7과   선적지시 및 통보
第七课 装船指示及通报

듣기연습 1   听力练习

1. (1) ① 해운동맹에 가입한 선사이고
       ② 운행이 정기적입니다
       ③ 동맹선사의 선편으로 선적을
       ④ 검품이 다 완료되어서

⑤ 컨테이너선을 수배해
(2) ③
(3) ④

2. (1) 약 1주일 정도 걸릴 겁니다.
직항선이 없어서 다른 곳을
그렇다면 앞으로도 선적시에 문제가 되겠군요.
(2) 어느 선사를 통해 하실 예정입니까?
일주일에 세번 출항합니다.
금요일 출항하는 배에 선적할 수 있습니다.

듣기연습 2 听力练习
1. (1) ① 선적과 관련된 내용을
② 운송 단위로는 일반적으로
③ 포워딩 업체에 연락하여
④ 40' 컨테이너 한 대로 선적
⑤ 컨테이너가 공장에 도착하여
(2) ④
(3) ④

2. (1) 현재 진행 중인 작업건에 관한 선적 지시입니다.
선적에 관한 상세한 사항은 ○○해운 천진지사에 문의하시면 됩니다.
선적에 차질이 생기지 않도록 부탁 드립니다.
(2) 더운 날씨에 오더 진행 때문에 수고가 많으십니다.
배편과 스페이스 예약이 다 끝났습니다.
품질에 끝까지 신경을 써 주시기 바랍니다.

실전연습 实战练习
(1) 제품 선적과 관련해서 무역 담당자는 포워딩 업체(운송대행사)에 연락하여 용선과 부킹을 하고 세관에 수출 통관 수속을 합니다. 그리고 바이어에게 선적과 관련된 내용을 통보합니다.
(2) 김사장님:
수고많으십니다.
귀사가 지정하신 포워딩 업체에 연락하여 이미 스페이스를 잡았습니다. 다음 주 목요일 천진-인천 배편이고, 선명은 'GOLDEN VOYAGE'이며 목요일 저녁에 출항하여 토요일 아침에 인천항에 도착합니다. 계약대로 40'컨테이너 한대로 선적하겠습니다. 운임은 귀사와 이미 합의되었다고 합니다.
목요일 오전 열시에 컨테이너가 공장에 도착하여 컨테이너 작업을 하기로 하였습니다.
이상/감사합니다.

제8과 서류송부 및 통관
第八课 邮寄文件及通关

듣기연습 1 听力练习

1. (1) ① 2차로 선적한 물품을
       ② 선적 서류들을 발송 전에
       ③ 금액과 수량이 기재되어
       ④ 귀사와의 거래를 다른 회사의 것과 혼동을
       ⑤ 정확한 수량과 금액의 송장을 작성하고
   (2) ②
   (3) ②

2. (1) 지체되고 있는 이유가 뭔지 알고 계시나요?
       서류가 제대로 갖춰지지 않아서 물건이 세관에 묶여 있습니다.
       제가 발송 서류를 확인한 뒤에 연락 드리겠습니다.
   (2) 송장의 금액과 수량이 사실과 다르게 기재되었습니다.
       귀사와의 거래를 다른 회사의 것과 혼동을 했습니다.
       정확한 수량과 금액의 송장을 작성해서 즉시로 보내 드리겠습니다.

듣기연습 2 听力练习

1. (1) ① 통관이 지연될 경우가
       ② 선적 서류를 팩스
       ③ 바로 수입 통관을 할
       ④ 겨울 코트를 찾는 사람들이
       ⑤ 비엘을 SURRENDER 해
   (2) ④
   (3) ③

2. (1) 은행에 네고하였습니다.
       우선 사본을 팩스로 보내 드립니다.
       수입 통관에 도움이 되기를 바랍니다.
   (2) 요구사항을 말씀 드리오니
       인보이스와 패킹리스트는 미리 작성하셔서
       바로 송금해 드리도록 하겠습니다.

실전연습　实战练习

(1) 선적서류는 일반적으로 선하증권(B/L), 보험증권 및 상업송장(Commercial Invoice)의 3가지로 이루어지는데, 경우에 따라서는 원산지증명서, 검사증명서, 포장명세서 등을 필요로 하는 경우도 있습니다.

(2) 김과장님:

팩스 내용 중 비엘 SURRENDER에 관한 요청에 대하여 회신을 드립니다.

귀사의 신용장 조항 중 FULL SET B/L을 은행에 제출하기로 되어 있습니다. 그래서 이미 비엘 원본을 은행에 네고한 상태입니다.

비엘은 화물에 관한 소유권이므로 선사는 비엘 원본을 발급하든지 아니면 SURRENDER를 하든지 두가지 방법 중 한 가지만 가능합니다. 즉 비엘 원본과 SURRENDER발급을 동시에 할 수 없습니다.

만약 통관이 급하시면 은행에 수출입화물선취보증서 발급을 요청하셔서 은행의 L/G를 이용하면 B/L이 없이도 통관이 가능합니다.

상기 의견을 참조하시어 빠른 통관이 이루어지기를 바랍니다.

류주임올림

제9과　납기

第九课　交　期

듣기연습 1　听力练习

1. (1) ① 두 차례로 나누어 선적
　　　② 공급이 원활하지 않아서
　　　③ 나머지는 2차 선적때 보내 드리면
　　　④ 납기를 1주일 연장해 주실 수
　　　⑤ 잔업을 해서라도 제날짜에 맞추어
　(2) ②
　(3) ①

2. (1) 두 차례로 나누어 선적해야 될 것 같습니다.
　　　10월 30일까지 필요하신 품목들은 1차 선적시에 보내 드리겠습니다.
　　　나머지는 2차 선적때 보내 주십시오.
　(2) 납기일을 언제로 생각하고 계십니까?
　　　그렇게 빨리 된다고는 장담을 못 드리겠습니다.
　　　11월로 해드리겠습니다.

듣기연습 2　听力练习

1. (1) ① 실제로 공장에서 제품을 선적할수 있는 날짜를
       ② 차이가 나는 경우가
       ③ 약속한 납기에 대해 반드시 지킬 의무가
       ④ 납기를 지키기 위해 최선의 노력을
       ⑤ 기업의 생산 능력을 고려하여
   (2) ④
   (3) ③

2. (1) 선박 스페이스를 잡지 못하여 선적 일자가 지연될 것 같습니다.
       부킹을 하지 못하고 있습니다.
       다음 배편이라도 먼저 예약해 놓도록 하겠습니다.
   (2) 제품을 아직도 인도받지 못해서 대단히 유감스럽습니다.
       검사를 하였으나 전혀 개선되지 않고 있습니다.
       금주 중으로 납품하시면 최종 바이어에게 양해를 구하여 물건을 받을 수 있습니다.

실전연습　实战练习

(1) A: 생산 인원의 부족으로 납기 내에 귀사 상품을 선적할 수가 없습니다. 납기를 1주일 연장해 주실 수 있습니까?
    B: 안 됩니다. 잔업을 해서라도 제날짜에 맞추어 주셔야 합니다.
    A: 지금 전 직원이 매일 잔업을 하고 있습니다. 어렵더라도 며칠만 연장해 주십시오.
    B: 그럴 수 없습니다. 상품은 정시에 도착되어야 합니다.
    A: 그러시다면 주문량의 반을 먼저 보내 드리고 나머지는 1주일 후에 항공편으로 보내 드리면 어떨까요?
    B: 정 다른 방법이 없다면 그 조건을 받아 드리겠습니다. 하지만 이 약속은 무슨 일이 있더라도 꼭 지켜야 합니다.

(2)
납기지연통보

***사장님.

항상 여러모로 도와주셔서 감사합니다.

다름이 아니고 이번 본작업건 납기가 계약보다 10일 정도 늦어질 것 같습니다. 현재 생산량이 예정했던 생산량보다 적게 나오고 있어서 매일 10시까지 잔업을 하는데도 생산량 미달로 아무래도 납기가 10일 정도 지연될 것 같아서 미리 통보를 드립니다.

납기가 지연되어 대단히 죄송하고 저희도 최선을 다하고 있으니 양해하여 주시기 바랍니다.

그리고 본 오더는 신용장 결제이므로 납기가 지연되면 나중에 하자 네고가 되므로 미리 신용장을 수정하여 주시면 감사하겠습니다.

이상입니다.
***올림.

제10과   제품하자
第十课 产品瑕疵

듣기연습1   听力练习

1. (1) ① 여러 가지의 반응들이 들어오고 있는데
       ② 운임과 수선 비용은
       ③ 원인 규명을 해 주십시오
       ④ 다수의 불량이 발견되고
       ⑤ 철저한 검품을 거쳤거든요
   (2) ①
   (3) ④

2. (1) 불량품에 대해서 반송해 드릴 테니까 수선을 해 주세요.
       불량품에 대한 원인을 규명해 주시길 바랍니다.
       다시는 그런 일이 발생하지 않도록 하겠습니다.
   (2) 이번에 선적한 제품에는 불량이 있습니다.
       일부의 제품에는 검은 점과 작은 구멍들이 있습니다.
       모든 제품은 선적되기 전에 철저한 검품을 거쳤는데요.

듣기연습 2   听力练习

1. (1) ① 정해진 시간에 우수한 품질을 공급하는
       ② 신속한 조치를 하면
       ③ 생산 관리에 신경을 쓰지 못하여
       ④ 당사는 납기 지연으로 인하여
       ⑤ 오더를 캔슬할 수밖에 없습니다
   (2) ①
   (3) ②

2. (1) 특별히 부탁 드릴 게 한 가지 있습니다.
       문제가 되는 건 뚜껑입니다.
       그 문제가 해결되도록 해 보겠습니다.
   (2) 보내주신 상품이 불량품입니다.
       온통 녹투성이가 되어 있었습니다.

조사를 해서 원인 규명을 해 주십시오.

실전연습　实战练习

(1)　우선적으로 '죄송합니다'로 시작하며 고객의 상황을 이해하고 고객이 편안한 마음으로 돌아갈 수 있도록 성의 있게 응대합니다.

그리고 제품의 하자에 대해서는 책임을 회피하는 모습보다 적극적으로 조치를 하는 모습을 보이고 원인규명을 분명히 해서 다음에 재발생되지 않도록 노력하여야 합니다.

문제 해결 이후 서신이나 전화를 이용해서 성의 있게 마무리합니다.

(2)

오더 캔슬 통보

***과장님

안녕하십니까?

현재 진행중인 오더에 관한 캔슬 통보입니다.

계약서와 신용장에 규정된 납기가 이미 2주나 지난 상태입니다.

제품에 관해 여러 차례 수정을 했지만 여전히 품질이 개선되지 않고 더 이상 수정이 불가능하다고 판단됩니다.

최종바이어가 판매시기를 놓친 것을 이유로 오더 캔슬을 요구하므로 당사도 부득이

오더 캔슬을 통보드리는 바입니다.

물론, 오더 캔슬로 인한 판매와 영업손실은 별도로 청구하겠습니다.

수고하십시요.

제11과　클레임
第十一课　索　赔

듣기연습1　听力练习

1. (1) ① 클레임이 해결되든가
　　② 손해 배상 청구에는
　　③ 서로 이성적으로 해결을 합시다.
　　④ 제품 품질에 다소 소홀해진 점에
　　⑤ 어떤 해결 방안을
(2) ①
(3) ③

2. (1) 귀사가 이번 제품에 대해 책임을 져야 합니다.
우리는 손해 배상을 청구하겠습니다.
그렇다면 우리는 이번 계약을 취소하는 수밖에 없겠습니다.
(2) 그렇다면 우리 이번 거래는 끝장입니다.
그렇다면 어떤 해결 방안을 내 놓으시겠습니까?
저희 사장님과 상의한 후 다시 연락 드리겠습니다.

듣기연습 2　听力练习

1. (1) ① 매매당사자간에 일어나는 배상 청구를
② 바이어 요구에 맞는 품질로
③ 다시는 이런 일이 없었으면
④ 납기 지연에 대한 클레임 금액은
⑤ 앞으로의 협력을 감안하여
(2) ④
(3) ④

2. (1) 당사의 클레임이 해결되어야 합니다.
그 과정에서 품질에 다소 소홀했습니다.
서로 반씩 배상을 하는 것이 어떻습니까?
(2) 어떤 조치를 취하셨습니까?
철저한 검품을 거쳤는데 조그마한 하자도 없었어요.
당신은 책임을 전가하려고만 하시는 것 같군요.

실전연습　实战练习

(1)

　　　　　　　　　　　클레임청구

***과장님
안녕하십니까?
2009년 9월 25일에 도착하기로 계약한 제품이 납기 예정일보다 한달이나 늦게 도착하여 오늘에야 통관이 이루어 졌습니다.
아시다시피 의류는 계절성 상품이라서 시간이 지나면 제품 판매에 막대한 피해를 줍니다.
이에 대해 납기지연과 판매 지장으로 계약서에 따라 클레임을 청구합니다. 만약 납기 클레임에 동의하지 않는다면 당사로서는 화물 인도를 거절할 수밖에 없습니다. 이 점을 충분히 인지하시고 금일 중으로 회신을 주십시오.
수고하십시오.

(2)

클레임청구에 대한 회신건

***부장님

　클레임 청구에 대한 회신입니다.

　화물이 도착하여 통관이 이루어졌다니 다행입니다. 당사도 제품이 계약 납기보다 늦어져 판매에 영향을 줄 것에 걱정이 많았습니다.

　약속한 날짜보다 늦게 도착한 점에 대해 정말 죄송하게 생각합니다.

하지만 아시다시피 원자재가 예정보다 보름이나 늦게 도착하였고 국경절 휴무 관계로 본의 아니게 납기일이 늦어졌습니다. 또한 겨울 성수기라 주문이 폭주하여 전직원이 매일 야간 작업을 하였음에도 불구하고 제 날짜에 선적하기가 어려웠습니다. 이 점 널리

　양해해 주시기 바랍니다.

　납기기 지연되어 귀사에 입은 피해에 책임을 느끼나 요청하신 클레임 금액이 너무 크다고 생각됩니다. 당사는 클래임 금액으로 제품 가격의 1%가 적정한 금액이라고 생각합니다. 이에 귀사의 생각을 듣고 싶습니다.

　이상입니다.

제12과　타협안 제시

第十二课　提出妥协意见

듣기연습 1　听力练习

1. (1) ① 납기일이 다소 짧은 것을
　　　② 귀사의 제의가 받아지도록
　　　③ 귀사의 타협안 제시를
　　　④ 저희가 환불 받을 게
　　　⑤ 이번주 안으로 송금해
　(2) ②
　(3) ②

2. (1) 어떻게든 이 손해 배상은 해결해 주셔야 합니다.
　　　우리끼리 해결해 낼 수 있을 겁니다.
　　　절반 정도의 금액으로
　(2) 선적이 지연됨으로 인해 우린 판매시기를 놓쳤으며
　　　가격을 어느 정도 할인해 드리면 되겠습니까?
　　　할인된 가격으로 송금해 드리겠습니다.

듣기연습 2 听力练习
1. (1) ① 클레임 내용의 정당성 여부 및 증거 서류를
       ② 당사자간에 합의에 의한 해결과
       ③ 원만한 해결을 보는 것이 제일 중요하다고
       ④ 이번 일을 교훈으로 삼고
       ⑤ 클레임 처리를 하여 송금해
   (2) ④
   (3) ③

2. (1) 농산물의 수량과 품질에 이상이 있습니다.
       처음에 제시한 땅콩 견본보다 크기가 매우 작고
       상품의 가치가 떨어져서 판매할 수 없으니
   (2) 허용 범위 내에서 선적하였고,
       부분 화물에 대해 품질 검사를 했고
       선별 작업을 하여 불량만 빼서 반품하시면

실전연습 实战练习
   (1)   우선 클레임 내용의 정당성 여부 및 증거 서류를 면밀히 검토해야 합니다. 그 다음에 클레임 해결에 관한 입장과 해결 방안을 상대방에게 신속하고 설득력 있게 전달해야 합니다.
   (2)   무역 클레임의 해결은 당사자간의 합의에 의한 해결과 중재를 통한 제3자 개입에 의한 해결이 있습니다.
         당사자간의 합의에 의한 해결은 당사자간의 교섭과 양보로 분쟁을 해결하는 방법으로서 당사자가 직접적인 협의를 통하여 상호평등의 원칙하에 납득할 수 있는 타협점을 찾는 화해의 방법을 말합니다.
         제3자 개입에 의한 해결 중 중재에 의한 해결은 분쟁 당사자간의 합의에 의거하여 제3자 중재인을 선정하여 최종적으로 중재인의 판정에 맡겨 그 판정에 복종함으로써 분쟁을 해결하는 방법입니다.

제13과   미수금회수
第十三课 催 款

듣기연습 1 听力练习
1. (1) ① 품질에 이상이 없었는지요
       ② 이번에는 결제가 좀 늦어지는 것
       ③ 대금 송금이 좀 늦어졌습니다

④ 귀사의 신용에 대해

⑤ 대금의 일부라도 송금해

(2) ③

(3) ④

2. (1) 납품도 이미 다 되었습니다.

신규 오더의 진행에도 어려움을 겪고 있습니다.

자금 상황이 좋지 않아서 대금 송금이 좀 늦어졌습니다.

(2) 미수금 십만 불에 대하여

무려 6개월이나 기다려 왔지만

이번 건부터 시작하여 건별로 결제 바랍니다.

듣기연습 2   听力练习

1. (1) ① 상대방에게 대금을 독촉하거나 알려주는

② 앞으로의 업무에도 지장을 줍니다

③ 대금을 회수받지 못하여 이렇게 연락을

④ 빠른 시일 내로 처리해 주시리라

⑤ 송금 영수증을 팩스로 보내 주시면

(2) ③

(3) ④

2. (1) 10만 불이나 결제가 밀려 있습니다.

회사의 정상적인 자금 운영에 영향을 미치게 되었습니다.

밀린 대금을 조속히 해결해 주시기 바랍니다.

(2) 원단을 단가 2000원에 10000야드를 납품했고,

물품대금이 지급되지 않고 있습니다.

귀하의 비용 부담으로 법적 조치를 하겠사오니

실전연습   实战练习

(1) A: 이번에 출고된 제품은 품질에 이상이 없었는지요.

B: 예, 제품에 문제가 없었고 납품도 잘 되었습니다.

A: 다행입니다. 저 다름이 아니라 매번 약속대로 결제해 주셨는데 이번에는 결제가 좀 늦어지는 것 같아서 전화 드렸습니다.

B: 죄송합니다. 요즘 회사의 자금 상황이 좋지 않아서 대금 송금이 좀 늦어졌습니다. 양해하시고 조금만 기다려 주십시오.

A: 그렇습니까? 오랫동안 거래를 해 오면서 귀사의 신용에 대해 높이 평가하고 있습니다. 자금상황이 어려우시면 반만 먼저 결제해 주시고 나머지는 다음달 중으로 해결해 주셔도 됩니다.

B: 알겠습니다. 양해해 주시니 감사합니다. 사장님께 말씀 드려서 이번주 중에

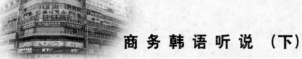

대금의 일부라도 송금해 드리도록 하겠습니다.
(2) 사장님
안녕하십니까?
다름이 아니라 밀린 대금건에 관한 지불 요청입니다.
지난번 출고된 제품의 결제가 2달째 밀려 있습니다. 본래 출고하는 대로 일주일 내에 건별로 송금해 주시기로 하였는데 결제가 계속 밀리고 있습니다. 물론 사장님께서 일시적으로 자금이 딸리니 며칠간만 기다려 달라고 양해를 구해 지금까지 기다려 왔습니다. 그러나 대금 결제가 계속 밀리는 관계로 이미 회사의 정상적인 자금 운영에 영향을 미치게 되었습니다. 그래서 차기 오더는 대금 결제가 이루어진 후에 진행이 가능합니다. 이 점 양해해 주시고 밀린 대금을 조속히 해결해 주시기 바랍니다.
이상입니다.

제14과 적화보험
第十四课 船货保险

듣기연습 1 听力练习

1. (1) ① 어떤 보험에 부보해야
② 어떤 보험 종류들이 포함되어
③ 종류의 보험에 가입하는 것이
④ 관례대로 단독손해부담보에만
⑤ 도난이나 파손의 위험이
(2) ④
(3) ④

2. (1) WPA만 부보하겠습니다.
부가위험담보조건을 추가로 부보하려면
결정하는 것이 좋겠습니다.
(2) CIF가격의 110%로 가입해 주시면 됩니다.
이번 거래는 FOB가격조건이므로
화물은 도난이나 파손의 위험 부담이

듣기연습 2 听力练习

1. (1) ① 발생한 사고로 손상을 입었을 경우에
② 신규 오더의 적하보험문제에 관하여
③ 도난이나 파손의 위험이

④ FPA만으로는 부족할 것

⑤ 일반부가위험담보조건이 다 포함된

(2) ④

(3) ③

2. (1) 보험부보 요구사항에 계약 내용 외의 새로운 항목이 추가된 것 같습니다.
WPA이외의 기타 보험료는 귀사에서 부담하셔야 합니다.
일반 부가 조건을 추가할 필요가 없는 것 같습니다.

(2) 귀사의 요구대로 ICC A조건에 따라 적하보험에 가입하도록 하겠습니다.
이의를 제기하였습니다.
보험 금액은 보통 CIF가격의 110%로 합니다.

실전연습   实战练习

(1) A: 이번에 선적하는 물품을 보험에 가입하실 겁니까?

B: 예. 관례대로 WPA에 부보할 생각입니다.

A: 이번 거래는 FOB가격조건이므로 보험은 저희가 가입하지 않습니다.

B: 아, 그렇습니까? 그럼 저희가 연락하여 보험에 가입하도록 하겠습니다.

A: 이번 작업건은 단거리 운송이므로 보험에 들지 않아도 괜찮을 것 같습니다.

B: 하지만 환적을 하기에 도난이나 파손의 위험 부담이 따릅니다. 그래서 보험에 드는 것으로 결정했습니다.

(2)   사장님께

수고 많으십니다.

이번 신규 오더의 보험 조건에 관하여 하기로 의문사항이 있으니 확인 후 회신 바랍니다.

계약에는 FPA만 부보하기로 되어 있는데 현재 전쟁 보험에도 추가 부보하라고 요청하고 있습니다. 만약 반드시 전쟁 보험을 부보해야 한다면 이 부분에 관한 추가 비용은 귀사에서 부담하시기 바랍니다.

그리고 제시하신 보험 금액이 너무 높습니다. 관례에 따르면 예상 마진은 10%로 합니다.

이상 검토하시고 회신을 주십시오.

이상입니다.

商务韩语听说（下）

제15과 전자상거래
第十五课 电子商务

듣기연습1 听力练习

1. (1) ① 모든 상거래활동을 의미합니다
       ② 사회 전분야의 모습을 바꿔가고 변화를
       ③ 전 세계적 시장 범위를 확대할 수 있으며
       ④ 소비자에게 재화나 용역을
       ⑤ 인터넷을 이용하여 일대일의 거래를
   (2) ④
   (3) ③

2. (1) 광주 교역회에서 귀사를 알게 되었습니다.
       인터넷상에 있는 저희 홈페이지를 방문해 주세요.
       상품을 확인 한 후 다시 연락드리도록 하겠습니다.
   (2) 다양한 제품들이 소개되어 있더군요.
       저희가 생산하고자 하는 제품과 유사합니다.
       자세한 거래조건들도 함께 보내 주시기 바랍니다.

듣기연습 2 听力练习

1. (1) ① 시간적, 공간적인 제약에서
       ② 여러 단계의 중간 유통 단계를
       ③ 제품 정보를 지속적으로 공급하여
       ④ 즉각적인 대응이 가능하므로
       ⑤ 임대 비용과 종업원 고용 비용이
   (2) ④
   (3) ④

2. (1) 제품의 샘플을 보내 주시면 찾아보도록 하겠습니다.
       인터넷 상에서 관련된 회사를 찾을 수 있습니다.
       인터넷을 이용하면 시간과 비용을 많이 줄일 수 있습니다.
   (2) 단체로 옷을 구입하고자 하는데,
       원하는 제품은 주문하시면 됩니다.
       품질을 자세히 알 수가 없지 않습니까?

실전연습 实战练习

(1) 전통적 상거래가 전자상거래로 변화되면 먼저 유통구조에 변화가 생깁니다.

　　　기업이 기존의 도매상, 소매상을 거치지 않고 직접 소비자와의 거래가 가능합니다. 또한 물건을 인터넷상의 가상 공간을 통해 판매하기 때문에 점포를 두지 않아도 되며 이로 인해 임대비를 절약할 수가 있습니다.
　　　그리고 24시간 어느 곳과 연결할 수가 있기 때문에 시간적, 공간적 제약을 받지 않습니다.

(2) A: 귀사의 제품에 대해 자세히 알고 싶습니다.
　　B: 제가 저희 회사 홈페이지를 알려 드리겠습니다. 거기를 보시면 저희 제품에 대해 자세히 아실 수 있습니다.
　　A: 알겠습니다. 홈페이지를 확인한 후에 다시 연락 드리겠습니다.

　　A: 홈페이지에 귀사 제품이 잘 나와 있더군요. 혹시 제가 원하는 제품의 샘플을 받아 볼수 있읍니까?
　　B: 물론입니다. 어떤 제품을 원하십니까?
　　A: A-2344제품이 마음에 드는군요. 색상이 모두 몇 가지 입니까?
　　B: 기본적으로 검정, 회색, 빨강 세가지이고, 그 밖에 원하는 색상이 있으시면 추가로 만들어 들릴 수 있습니다.
　　A: 최소 주문 수량은 몇장부터 입니까?
　　B: 스타일별 1,000장 이상입니다.
　　A: 스타일 당 3,000장을 주문한다면 생산 기일이 얼마나 걸리고 가격은 얼마나 합니까?
　　B: 생산기일은 60일이고, 가격은 장당 6USD입니다.
　　A: 잘 알았습니다. 또 연락 드리겠습니다.

# 译 文

第一课 信用证

听力练习 1

柳主任：什么时候开立信用证？
金科长：9月20日之前可以开好。
柳主任：如果想提前交货的话，请尽快把订货明细和信用证发过来。
金科长：好的，知道了。
柳主任：信用证上都详细列一些什么条款？
金科长：请参照我们的订货单，上面写得很详细。

柳主任：金科长，9月20日的传真上说贵公司已经开立了09FWCT的信用证，可是我们还没接到通知。
金科长：是吗？我们已经于9月20日向交易行申请开立信用证了，现在这个时候已经差不多到了啊。
柳主任：知道了，那么我向通知行打听一下再跟您联系。

柳主任：金科长，贵公司开立的335569号信用证最好能够修改一下。
金科长：怎么修改？
柳主任：合同上说允许分批装船，但信用证上却说不可以。
金科长：哦，那么可能是我们在开立信用证时疏忽了。
柳主任：那么能尽快修改一下吗？
金科长：好的，我现在马上修改。

听力练习 2

信用证是开立银行承诺在特定条件下支付进口方货款的一种书面文件，出口方将货品装船后，向银行提交同信用证条款相符的装船单据（商业发票、运输单据、保险单），银行承诺支付货款的一种有价证券。在国际贸易中，信用证可以保证货款交易的安全性，同时信用证上明确当事人之间的特殊条款，可以事先防止纠纷的发生。

信用证当事人有开设申请人、开证行、受益人、通知行等。

开立信用证请求

金哲洙科长

    别来无恙？

    给您去信是因为BE-090915号合同的信用证至今还没有收到,虽然我们已经给您发去了确认函,但在约定的时间内仍然没有收到信用证,为此深感遗憾。

    因为信用证开立时间推延,购买原材料和生产产品的日程都需要做出相应的调整。我们公司会尽最大努力,但无论如何由于信用证开立时间延期,担心无法按期交货,希望马上着手处理。

    盼回复。

柳刚敬上

客户回信

柳刚主任

    您好。

    对信用证开立时间推迟深表歉意。

    我们公司负责该项目的理事现在出差在外,无法签字,信用证的开立时间不得已延迟。我们公司理事现在越南出差,大概下周三回国。他一回国,我就会让他签字,然后马上去开立信用证,请稍候些时日。

    此外,下周末之前接到信用证的话交期需要如何调整,请来信告知。

    未能守约再次表示抱歉。

金哲洙科长敬上

第二课　质　量

听力练习1

金科长：这块布料真漂亮,可是为什么比其它的布料结实呢?

柳主任：这个我来解释一下,原因之一就是我们出于质量方面的考虑,使用了比较好的线,为了保证质量,线是精心挑选的。

金科长：明白了,那么布料的结构怎么样呢?

柳主任：这正是布料结实的第二点原因,线的结构和捻的效果都非常致密。

金科长：摸上去也很柔软。

柳主任：布料表面经过了特殊的加工处理,所以和其它的布料比起来手感更柔软。

金科长：结构致密的布料在穿着的时候会很容易（磨得）发亮吧。

柳主任：这一点我也有同感，不过这块布料在这点上和其它的不一样。
金科长：什么意思？
柳主任：这块布料本身具有光泽，所以不会（磨得）发亮。
金科长：这是为什么呢？
柳主任：因为在织布的时候下了很大工夫，而且采用精密的织法才出现光泽的。
金科长：明白了。

听力练习 2

　　质量和价格是支配市场竞争力的两大要素，良好的质量会提高消费者的信任度，同时决定着企业和国家的信誉。因此生产者要保证产品的质量，在质量管理上下大气力。

　　交易方式同质量评价方式息息相关，纺织等制造加工产品，采用寄出实物样品，评价产品质量的交易方式，即凭货样销售(sale by sample)；农产品采用根据标本衡量质量的凭标准买卖(sale by standard)；煤炭、钢铁等规格统一的产品，采用依据明细衡量质量的凭规格买卖(sale by specification)。根据质量衡量时间的不同，分为装船质量条件和卸货质量条件。

　　装船质量条件指的是装船时，在互相约定的鉴定机关接受商品检验，将检验证明寄付给买方，卖方不承担责任；卸货质量条件指的是在目的地接受检验评价产品质量。国际贸易中，通常采用装船质量条件，即卖方的责任随着装船的结束而终止。

第三课 汇 率

听力练习 1

金科长：柳主任，听说人民币兑换韩币的汇率会上涨，是真的吗？
柳主任：详细情况不是很清楚，可能就是谣传吧。
金科长：如果汇率上升的话，会有什么影响吗？
柳主任：那问题就大了。
金科长：我觉得也是，但愿不要那样。
柳主任：我也希望如此。

金科长：柳主任，人民币的汇率持续上涨，这是怎么回事呢？
柳主任：美国金融危机对世界经济冲击很大。
金科长：肯定是这么回事，您要怎么避开这个风险呢？
柳主任：嗯，我只能是希望不要太过头。
金科长：总会有个限度吧。
柳主任：是啊，否则出口韩国会越来越困难。
金科长：对啊，如果一直这样下去，像以前那样大批量订货恐怕很难了。

听力练习2

汇率是影响国际贸易的一个十分敏感的要素。对于出口商来说,人民币价格上涨,商品价格就会随之上涨,出口量必然减少,因此他们希望汇率不要上涨。而对于进口商来说,进口商品的价格上涨,也会严重影响商品结帐。

人民币对韩币的汇率持续上涨,中国出口行业亮起了红灯,很多的韩国客户放弃中国,转而向其它国家寻找货源。柳主任和金科长因为这个问题十分头疼,由于人民币升值,已经签订下来的货品不好结帐,今后大批量订货也将越来越难。

第四课 生 产

听力练习1

金科长:柳主任,为了抢占冬季市场,我们对那个产品期待很高,大概什么时候可以做完?

柳主任:如果照目前这个速度,最晚截止到11月可以结束。

金科长:那不行,最晚10月末必须完成。

柳主任:这有点儿困难。

金科长:那么柳主任应该抓紧啊。

柳主任:好,那我赶紧和工厂联系,我不能保证一定行,但我会尽最大努力。

金科长:C-2344产品我要马上订5000PCS。

柳主任:不好意思,这个订单我们接不了,现在工厂赶做其它的订单,真的是没有时间。

金科长:这可麻烦了,那么你们能不能推荐其它公司?产品质量和你们公司差不多就行。

柳主任:您联系一下福原服装,看看那里的情况怎么样?我告诉您他们的电话和传真号。

金科长:是福原服装的王经理吗?我是大韩商社的金科长。

王经理:啊,是吗?柳主任跟我联系了。

金科长:按照合同我们把订单下给三安服装,可是他们的工厂做不了全部的订单,希望贵公司能够帮助接下来。

王经理:好的,我们来帮您做。

金科长:谢谢,我知道贵公司十分可靠,活儿也做得很好,那就拜托了。

王经理:知道了,我会尽力的。

商务韩语听说（下）

听力练习 2

　　大韩商社的金科长为确保冬季投放市场的那批货能够按时交货，再一次打电话确认，结果得知原本应该10月份装船的货物11月才能装船。为此金科长催促柳主任提前完成，柳主任和工厂联系告知说，不能完全保证，不过可以尽量提前交货。

　　订单不是固定的，有时订单激增，不能按时交货，因此不得不推掉订单。金科长想向三安服饰追加一批订单，但柳主任考虑订货量太大，只好拒绝。但柳主任又介绍了其它工厂，由于三安服饰无法做完，金科长立即同柳主任介绍的工厂联系，让他们帮忙加工。生产的过程往往会出现各种难题，但无论如何都要将产品的质量和交期放在第一位。

第五课　拜访工厂

听力练习 1

柳主任：什么时候来北京？

金科长：下周一，到那个时候首尔这边的工作差不多都能做完。

柳主任：好的，我安排车去机场接您。

金科长：谢谢，我乘坐的飞机12点起飞。

柳主任：好的，那么我1点到机场接您。

金科长：好的，谢谢。

金科长：那边有烟囱的地方就是工厂吗？

柳主任：是的，从那边那个交叉路往左转就是我们公司的大门。一路上都很顺利，是吧？

金科长：是啊，多亏了这辆车，如果派个小车走这种坑坑洼洼的小路，可能身心疲惫，连验货的心情都没有了。

柳主任：那从哪儿开始呢？今天先让孙先生带您看一下工厂吧。

金科长：孙先生？是我以前见过的那位吧？

柳主任：不是，孙先生是工厂厂长，出现技术上的问题可以找他。

金科长：那我真想快点儿见到他。

听力练习 2

　　在产品生产的过程中，客户会访问工厂验货，从而确认产品的质量或式样是否符合自己的要求。生产之前确定好的样品便是产品的质量标准，验货也为了核实生产过程是否严格遵守这一标准。生产完毕的产品在装船时一定要接受客户最终验货，验货合格方可装船。

译文

要求协助信函

金哲洙科长

  感谢您长期以来的大力支持。

  STYLE NO:09FWCT款女式羊绒大衣生产几近尾声,现在正处于收尾阶段,估计再有一周时间就会完成。请按照生产日程拟定验货计划,验货日程决定后请告知。

  此外请事先通知关于装船时的要求事项、船名等,以便于我们能够按照信用证上规定的装船日期顺利装船。

  谢谢。

柳刚敬上

回信

柳刚主任

  感谢您为生产订单而日夜操劳。

  我已经订好日程,决定根据产品生产结束时间,下周一去工厂验货。详细出差日程待机票订好后再另行通知。

  我已经联系好货运公司负责装船,希望贵公司能够亲自和货运公司联系,了解具体装船事项,还有其它疑义,请随时跟我联系。

  希望您对产品质量严格把关,下周再会。

  谢谢。

金哲洙科长敬上

第六课　验货及包装

听力练习1

柳主任:金科长,装船前谁负责最终验货?

金科长:朴代理负责,一告知生产即将结束,他就会马上过来。

柳主任:据我所知装船文件中必须有验货报告才算准备齐全,是吗?

金科长:当然了,这一点信用证上已经明确写好了。

柳主任:朴代理太挑剔了,一点小的瑕疵都给打成次品。

金科长:他也不是那么挑剔,只要你们严格遵照生产指示书,就不会有问题的。

朴代理:柳主任,我们订的货一共200纸箱是吧?

柳主任:是的。

商务韩语听说（下）

朴代理：我希望这些成品能够再打一层包装。

柳主任：是吗？为什么呢？

朴代理：因为这批货有一点污渍和破损都不行。

柳主任：这一点您大可不必担心。

朴代理：不是，我们是希望东西万无一失安全抵达，多打一层包装的费用我们会承担。

柳主任：这个您也不必担心，为了安全起见，我们也会进行特殊的包装处理，费用由我们来承担。

听力练习2

信用证上有很多条款，其中包括必须拿到最终验货员出具的验货合格报告，才能够在商品出口后支付货款。

朴代理完成最终验货后，核实最终数量，而且希望能够再补打一层包装。

成品的数量同合同会出现一点点的误差，在这种情况下双方都会约定溢短装条款(More or Less Term)，即使出现一定的误差，也不会对此提出索赔，而且按照合同价格结账。

出口商品在运输的过程中，常常会因为外界的重创或受潮等原因，造成商品破损，因此打好外包装十分重要。同时包装也可以提高产品的价值并方便运输。为了同其他货物区分开来，通常在外包装上进行特殊的标记，叫做唛头(Marking)，在运输或卸货过程中，通过唛头可以对照货单轻松找到收货人的货物。

第七课 装船指示及通报

听力练习1

金科长：哪家轮船公司有往仁川港走的船呢？

柳主任：有A、B两家公司，A是海运同盟会员，B是非海运同盟会员。

金科长：那么，是不是海运同盟会员有什么区别呢？

柳主任：海运同盟会员公司的运费虽然有点儿贵，不过出港时间比较稳定，非海运同盟会员公司的运费虽然比较便宜，不过出港时间不固定。

金科长：哦，明白了，那好吧，那么我们就定下一班出港的海运同盟会员公司的船走货吧。

柳主任：金科长，订单都已经加工完了，我们打算10月30号装船。

金科长：太好了，船都已经备好了吗？

柳主任：是的，是SEALAND公司的"GOLDEN VOYAGE"号，10月30号，天津出港。

金科长：是集装箱船吗？

柳主任：是的，40英尺集装箱船。
金科长：是直达的吗？什么时候到仁川？
柳主任：是直达的，11月1号到仁川港。

听力练习2

　　为了保证产品装船，贸易负责人需要联系货运代理公司预订船只，向海关提交通关手续，然后向客户通报装船相关内容。
　　国际货运方式有海上运输、铁路运输、航空运输，还有同时使用两种以上运输方式的多式联运。在运输大批量货物时，一般使用价格较为低廉的海上运输，航空运输虽然价格昂贵，但运输速度快，适用于运输紧急货物或小型货物。国际间的货物运输一般使用集装箱，分为使用一整个集装箱的FCL(Full Container Load)和使用一个集装箱一部分的LCL(Less Than Container Load)两种。

装船通告

金科长

　　让您费心了。
　　这是STYLE NO:09FWCT女式毛大衣装船通知。
　　我们联系了贵公司指定的货运公司，已经订好舱位，下周四从天津开往仁川的船，船名为"GOLDEN VOYAGE"，周四晚上出港，周六早上到达仁川港。按照合同规定装足一整个40英尺集装箱，据悉运费已经同贵公司商议完毕。
　　周四上午10点集装箱会抵达工厂装货。
　　通告完毕，谢谢。

柳刚敬上

第八课　邮寄文件及通关

听力练习1

柳主任：金科长，听说我们第二批发的货还没收到，是因为什么耽搁了呢？
金科长：这批货在海关被扣了。
柳主任：是吗？那您知道是为什么吗？
金科长：我给海关打电话，听说是手续不全。
柳主任：真的吗？发货前所有的手续我都查验过了，都没有什么问题啊。
金科长：那我亲自去打听一下，然后和您联系，可以吧？

商务韩语听说（下）

金科长：SA-34675发票上面写的金额和数量跟实际的不符。

柳主任：这个失误太幼稚了，原谅我们这一次吧。

金科长：没关系，不过怎么能出这种失误呢？

柳主任：哦，上个星期我们公司员工都很忙，新来的一个文员把和贵公司的合同与和另外一个公司的合同搞混了。

金科长：原来是这样，怪不得通不了关。

柳主任：真是不好意思，我重新确认一下数量和金额，马上把单据改过来，然后马上给您发过去。

听力练习2

装船单据（shipping documents）不齐全会造成通关延迟，因此要格外注意。装船单据一般包括装船提单(B/L)、保险单以及商业发票3种，有时还需要原产地证明、验货报告、箱单等。

邮寄装船单据

金哲洙科长

让您费心了。

现在用传真给您传这批货的装船单据。

商业发票(COMMERCIAL INVOICE)和箱单(PACKING LIST)已经寄出，装船提单 (B/L)暂且把复印件先用传真传过去。

原产地证明(C.O)我们会另行快递给您。

希望对贵公司进口通关有所帮助。

通告完毕，谢谢。

柳刚敬上

回信

柳刚主任

上午发来的传真已经收到。

单据一到我们马上着手办理进口通关。

另外原产地证明快递底单希望能用传真传过来。

今年天气寒冷，已经有很多顾客打算购买冬季大衣，我们希望尽快通关交货，请协助电放提单，这样可以缩短通关的时间。

希望您能大力合作。

金哲洙科长

第九课 交 期

听力练习 1

柳主任：金科长，实在是不好意思，贵公司的第二批订货不能一次都走完，恐怕得分两批装船。

金科长：哎呀，这批货如果11月10号之前到不了的话，真的就麻烦了。

柳主任：最近限制用电，所以我们工厂经常放假。所有的订货在11月10号之前都得要吗？

金科长：啊，那倒也不是，您一说我倒想起来了，一部分货后到也可以。

柳主任：如果是那样的话，11月10号之前你们需要的那部分我们第一批装船时发过去，剩下的第二批走货，如何？

金科长：好的。

柳主任：由于原材料交货时间较晚，我们无法在交期内装船，交期是否可以推迟一周？

金科长：不行，已经协商好的内容不能变动，即便加班加点也得按时装船。

柳主任：现在我们公司全体员工都在每天加班，就算你们有困难，也希望能够宽限几天。

金科长：那不可能，货物必须按时运到。

柳主任：那么我们先发一半，另一半1周后空运过去怎么样？

金科长：如果实在没有办法的话，那也可以，不过这次你们无论如何必须守约。

柳主任：明白了，我们一定守约。

听力练习 2

　　交期分客户要求装船的截止日期，以及工厂承诺实际可能装船的日期。客户要求的交期同工厂实际承诺的交期相一致固然是两全其美，但在旺季时，常常会出现差池。

　　生产工厂有义务遵守交期。但由于原材料紧缺、生产能力有限、劳动力不足，或者产品质量上的问题，有时很难按期交货。在这种情况下，要向客户说明情况后，尽最大努力按期交货。如果是客户方面提出的交期，有时会因为订货数量激增、订货日期过紧等原因无法按期交货。这时应该首先考虑到企业的生产能力，同客户商量合适的交期，尽可能努力按照客户的要求，按期交货。应首先保证照合同足量按期交货，但由于很多客观原因，不得已分成几次装船叫做分批装船。货物到达最终目的地之前，在运输途中换成其他运输手段装运叫做换船。

商务韩语听说（下）

第十课 产品瑕疵

听力练习1

金科长：柳主任，最近我们收到了顾客反馈意见，有些不太好。

柳主任：是吗？那请把次品发过来，运费和修改费用由我们承担。

金科长：好的，不过希望贵公司能够找到问题原因，希望下次不要有同样的问题发生。

柳主任：好的，这个问题我一定注意。

金科长：贵公司装船的这批货中发现了不少的次品。

柳主任：是吗？这太让我吃惊了。

金科长：不仅如此，一部分的货品上还有黑点和小孔。

柳主任：到底是怎么一回事我也说不清楚，不过在发货前我们确实经过了严格的检验。

金科长：难道不是生产上的问题吗？

柳主任：这个我也不太清楚，我们每个环节都十分小心。

金科长：反正，肯定是哪个地方出了什么问题。

柳主任：金科长，是真的，这批货我们真的投入了很多的时间和精力。

金科长：这我知道，不过重要的是结果。

听力练习2

对于订货商品来说质量和交期至关重要。

按期高质量地完成数量庞大的订单需要付出很大的努力，而且当产品出现瑕疵时，与其回避，不如采取措施积极应对。出现次品时迅速采取补救措施会得到顾客的信任。同时还要查明原因，努力防止此类事件再次发生。

产品瑕疵信函

金哲洙科长

感谢您长期以来的大力协助。

第二批出口的货品由于质量问题，未能及时交货实感抱歉。

在验货过程中发现的质量问题我们都已经尽最大努力进行修补，但依然没有做到要求的那么完美。当然起初未能严把质量关，质量出现问题，我有不可推卸的责任。但现在无论如何修补，质量也不会得到改善，似乎必须寻找其他的补救办法。

请多多关照。

柳刚敬上

取消订单通告

柳刚主任:

　　发来的传真已经收到,传真的内容我们也十分理解,但此次订单属于品牌商品,绝对不能有任何瑕疵。目前我们公司由于交期延迟正面临很多难题,客户对我们公司信誉也持怀疑态度。不仅交期延迟了近20天,而且如果质量也不能保证,那么这批货我们无法交货。

　　我知道贵公司在生产过程中付出很大的辛劳,但这种情况下我们无法接收货品,这次订单只能取消。

　　而且由于无法交货,我们会提出索赔,但会尽最大努力减少彼此的损失,待我们同客户商量后再给您答复。

　　尽管此次交易未能取得成功,但希望我们以后还可以继续合作。

金哲洙科长敬上

第十一课　索　赔

听力练习 1

金科长:柳主任,产品出现瑕疵,贵公司不能回避责任。

柳主任:金科长,那批货发走的时候,真的一点儿问题都没有。

金科长:好了,关于那一点我不想再谈下去了,要么赔偿本公司的损失,要么现在这笔生意就此取消。

柳主任:我不想放弃现在这笔生意,不过如果全部让我们公司承担损失,这个我无法接受。

金科长:看来没什么选择的余地了,我们只好取消这笔合同了。

柳主任:请不要这样,我们能不能不要感情用事,这样肯定是两败俱伤。

金科长:柳主任,无论如何贵公司必须赔偿损失。

柳主任:我理解您的立场,不过责任不能百分之百都让我们来承担。

金科长:为什么?

柳主任:金科长您也知道,这批货的交期十分紧,我们为了按期交货已经做出了最大的努力,在这之中多多少少疏忽了产品的质量,不过贵公司应该理解。

金科长:那贵公司想怎么解决呢?

柳主任:我们承担一半怎么样?

金科长:好吧,我和我们社长商量一下再给您答复。

商务韩语听说（下）

听力练习2

索赔是买卖双方之间发生的赔偿要求。一般在卖方提供的商品由于质量、包装不合格或数量不符、交期迟延等原因违背合同时，买方向卖方提出赔偿损失。

索赔案例

柳刚主任

　　感谢您为我们这次工作操劳。

　　经过多次修补，终于提交了符合客户质量要求的货品，实属万幸。今后希望在生产过程中严加管理，避免此类事件再次发生。

　　按照合同，交期延迟1周要赔偿5%，延迟2周赔偿10%，延迟3周赔偿20%。此次交易中交期延迟3周以上，以至于险些取消订单。但幸好天气一直持续寒冷，购买大衣的顾客增多，我们取得客户的谅解，得以交货。对于赔偿金额，考虑到我们公司未能事先查出问题，责任在所难免，同时也考虑到今后我们的合作，双方各自承担一半如何？希望贵公司仔细商议后，明天之前给我们答复。

　　谢谢，同时向贵公司的总经理问好。

金哲洙科长敬上

第十二课　提出妥协意见

听力练习1

金科长：柳主任，我承认这批货的交期确实有些短，所以这次索赔金额我们各承担一半怎么样？

柳主任：好的，我和公司说一下，争取让他们接受贵公司的提议。

金科长：总共赔偿金额是10000美金，如果贵公司接受我们的提议，那么汇货款时，我们将从中扣除5000美金。

柳主任：那好吧，我和社长商量一下再给您答复。

柳主任：金科长，我们公司接受贵公司提出的妥协提议，现在所有的问题似乎都已经谈妥，请在汇款金额中扣除5000美金汇给我们。

金科长：而且上次贵公司发来的那批货，我们还需要退款。

柳主任：我们的确需要给贵公司退款，但具体的金额我想不起来了。

金科长：需要向我们支付的金额是2800美金。

柳主任：就这些吗？我还以为更多呢。
金科长：如果您愿意多给我们也不介意。
柳主任：不，那我知道了，扣除这部分钱，把剩下的款额请在本周内汇给我们。
金科长：好的，本周三之前我们一定汇款。

听力练习2

  如果对方提出索赔，要首先严格探讨索赔内容是否正当，是否有根有据。其次要迅速向对方表明自己的立场，提出解决方案。贸易索赔的解决方法有两种，一是当事人之间协商解决，二是通过第三方的介入仲裁解决。此次大韩商社和北京商社间的贸易索赔就是贸易双方自主交涉，彼此让步解决纷争的。

关于索赔事件的回信

金哲洙科长

  感谢您长期以来的大力支持。
  此次装船的货品最终能够向客户交货，甚感高兴。
  在订单的生产过程中难免会出现这样那样的问题，但无论如何最重要的是找到一个圆满的解决办法。想必金科长也知道，此次生产任务十分艰巨，交期和技术上出现的问题都在我们的预料之外，我们接到订单后出现了上述问题，总之我们会以此为鉴，今后继续努力。
  贵公司答应承担一半的索赔金额，在此深表谢意。我已经汇报给公司总经理，总经理让我转达他的谢意。
  按照金科长的提议，请在本周内处理好索赔事件，给我们公司汇款。
  十分感谢。

柳刚敬上

第十三课 催　款

听力练习1

柳主任：金科长，此次出厂的产品质量上没有任何问题吧。
金科长：是的，没有大问题，而且已经顺利交货。
柳主任：那真是太好了，我给您打电话是因为每次贵公司都按时结账，此次结账时间有些延迟。
金科长：抱歉，最近公司资金周转有些困难，未能及时汇款，请您谅解，并给我们宽限一

点时间。

柳主任：我们和贵公司长期合作，觉得贵公司十分守信。如果现在资金周转困难，那么请先支付货款40万美金的一半，剩下部分可以下个月汇给我们。

金科长：好的，感谢您的谅解，我汇报社长，争取本周内汇出一部分货款。

柳主任：谢谢，汇款后，请把单据用传真传过来。

金科长：好的，我一定会的。

听力练习2

　　所谓催款信函是卖方在一定的期限内没有收到货款，向对方催款的一种信函。撰写催款函时语言表达要简练、表述要准确、语气要坦诚并不失礼仪。

　　撰写时注意不要伤感情，不要表述成对方故意不付款，否则不但无法达到催款的目的，反而影响今后的工作往来。但如果几次催款，对方都无动于衷，对于这样的客户有必要采取强硬态度。

　　催款时要遵守一个原则，就是一方面要达到收钱的目的，另一方面要维持同客户之间的友好关系。

催款

金哲洙科长

　　近来可好？

　　关于Order No:HY09-005产品的货款问题给您去信。

　　感谢您一直以来按时结账，但此次结账时间似乎有些延迟。出厂时间已经过去15日之久，我们一直没有收到货款。恐怕是贵公司没有收到付款通知，因此再次给您发传真，相信贵公司会尽快予以处理。

　　汇款后，请用传真将单据发过来。

　　祝愿贵公司日益繁荣。

柳钢敬上

第十四课　船货保险

听力练习1

金科长：此次我们要从中国购买货品出口到美国，请问需要投保什么险种？

李经理：请问是什么价格条件？

金科长：FOB天津。

李经理：那应该保海上货物运输险。

金科长：海上货物运输险都包括什么险种？

李经理：包括平安险(FPA)、水渍险(WA/WPA)、一切险(ALL RISK)。

金科长：这次我们购买的产品是服装，保什么险种比较好？

李经理：详细内容在说明书中都有，如果没有特殊要求，按惯例只保水渍险(WPA)即可。

金科长：这批货物需要换船，担心会遭窃或破损，这一部分是不是还需要保其他的险种？而且远距离海上运输光保平安险和水渍险好像不够。

李经理：当然最好保一切险(ALL RISK)，但保险费用相对较高，如果您担心货品安全，在投保平安险或水渍险后，可以少交一点费用享受一切险同等待遇。

金科长：那么我们参照李经理的意见，商量一下保哪个险种比较好。

听力练习2

　　海上货物运输保险是指，使用海上运输或航空运输的货物在正常运输途中发生事故时进行赔付的险种，海上货物运输保险单同装船提单(B/L)、商业发票，连同汇票，被作为国际贸易合同的履行手续。

货物运输保险信函

金哲洙科长

　　最近进入旺季，工作忙碌吧？

　　给您去信主要是因为新订单的海上运输保险问题有几点需要同您商议。

　　我们接到通知，此次加工的货物保险也按照惯例只要投保FPA即可，但我们有如下异议，希望贵公司进行商议。

　　首先此次货物需要换船，在指定港口转船有可能被盗或出现破损，因此这一部分是不是需要再上其他的保险呢？

　　其次，远距离海上货运运输考虑到气候的影响，无论如何光上平安险可能有些不够。

　　因此投保一切险如何？包括平安险和水渍险、一般附加险条款。

　　商议后请给我们答复，以便确定装船事宜。

　　谢谢。

李明哲敬上

第十五课 电子商务

听力练习1

　　所谓电子商务（Electronic Commerce）是指企业间或企业和顾客间通过电子信息进行交易，通过网上商务和网络签订合同、订货、送货、收款、付款等。换句话说，网络电子商务改变了购物文化、企业间的交易方式、金融体系、政府结构等全社会的面貌。网络扩大了全世界的市场范围，缩减了流通途径，节减了不必要的交易费用，使顾客希望的内容能够得到立即处理。

电子商务根据供给和需要的不同大体上分为B2B, B2C, C2C, B2G几种模式。

1. B2C(Business to Customer)：企业与消费者之间的交易

目前为止占有比重最大。

事先公司将电子媒体同通信网相结合，向消费者进行货物或技术交易，起初主要是电子产品、服装、家具等物质产品，近来发展到各种游戏、视频等数码商品，交易物品的范围逐渐扩大。

电子商务同一般的购物中心一样，企业以个人顾客为主要对象。

2. B2G(Business to Government)：企业与政府间的交易

是指政府把需要筹集的商品在虚拟商店中进行公告，企业通过虚拟商店确定需要供应的商品，进行交易的一种过程。

企业以政府为对象，向物资厅投标并获得政府供货权的一种方式。

3. B2B(Business to Business)：企业间的交易

作为企业对企业之间的电子商务往来，企业间的交易并不是通过人员往来和文件传递来处理业务，而是通过数字媒体进行业务的全过程。

例如制造业、原材料供应商以及需求者——企业之间的订货、接受订货以及企业同金融机关之间资金结账等一系列交易都是通过网络来实现。

这种交易形式有利于降低购买、销售、促销等的费用，减少库存，缩短商品的周转周期，一般情况下，大批量批发大都采用电子交易。

4. C2C(Customer to Customer)：消费者之间的交易

作为消费者和消费者之间的电子商务，即消费者们互相使用网络进行一对一的交易，一般用于竞拍、购买二手商品，最典型的要数美国的eBay和中国的淘宝。也有时是在正式经营购物中心之前，在auction, 온켓, open market等market plus中试验性地以个人名义上传商品，根据顾客的反应来扩大购物中心的业务。

听力练习 2

电子商务同传统商务形态对比

区分	电子商务	传统商务形态
流通渠道	企业↔消费者	企业→批发商→零售商→消费者
贸易地区	全球(Global Marketing)	部分地区(Closed Clubs)
贸易时间	24小时	受限制的营业时间
掌握顾客需要	在线随时获得 数字信息无需再次输入	营销人员获得 信息需要再次输入

市场活动	双方向通讯1对1 Interactive Marketing	与购买者的意志无关 单方面市场
应对顾客	随时迅速捕捉、立即处理	难以把握顾客需要，处理时间迟延
销售地点	虚拟空间	销售空间

对企业有利的一面

1) 电子商务(EC)不受时间、空间的制约。

　　电子商务不受营业时间的制约，可以24小时同顾客进行贸易往来，同时不受空间上的制约，业务范围遍及全国、全世界各地。

2) 提高价格竞争力。

　　电子商务直接面对消费者，减少了批发、零售等很多中间流通程序，不仅可以降低费用（运输、柜台、物流利润等），还提升了自己的利润，可以进一步提高竞争力。

3) 市场营销和服务效率更高。

　　EC可以实现数字文件传递，将买家和会员的信息在自己公司的电脑上建立数据库，按买家的购买意向分类，向买家不断介绍他们感兴趣的商品信息，可以促进买家的购买欲。

　　通过这种方式可以减少广告费，获得更高的购买效果，同时通过网络可以立即处理，在客服方面也可以达到更快。

4) 减少固定营业费和间接费用。

　　网络电子商务最大的特点就是无店铺、无营业员。

　　可以降低为销售产品而投入的店铺租赁和人员聘用费用。

听力资料

제1과 신용장
듣기연습1

류주임: 신용장은 언제 개설하실 수 있습니까?
김과장: 9월 20일까지는 할 수 있습니다.
류주임: 조기 인도를 원하시면 주문명세서와 신용장을 최대한 빨리 보내 주십시오.
김과장: 예, 알겠습니다.
류주임: 신용장에는 어떤 조건들이 명시되나요?
김과장: 저희의 주문서를 참조해 주십시오. 거기에 모든 것이 상세히 명시되어 있으니까요.

류주임: 김과장님, 9월 20일자의 팩스를 보면 귀사께서 09FWCT제품에 관한 L/C를 이미 개설했다고 되어 있는데, 저희는 아직 아무런 통지를 못 받았습니다.
김과장: 그래요? 우린 9월 20일에 그 L/C를 이미 거래은행에 개설 신청을 했습니다. 지금쯤이면 도착되었어야 하는데요.
류주임: 알겠습니다. 그러면 통지은행에 알아보고 연락 드리겠습니다.

류주임: 김과장님, 귀사 신용장 335569번에 대한 수정을 부탁 드리고 싶습니다.
김과장: 어떻게요?
류주임: 계약서에는 분할 선적이 허용되어 있는데 신용장엔 금지하는 걸로 되어 있습니다.
김과장: 아, 그렇다면 저희가 신용장 개설 신청을 할 때 실수를 한 모양입니다.
류주임: 그러면 가능한 한 빨리 수정을 해 주시겠습니까?
김과장: 예, 그렇게 해 드려야지요. 지금 바로 수정하겠습니다.

듣기연습2

신용장이란 신용장 개설은행이 수입업자의 대금 지불을 특정 조건하에 보증하는 서류로서, 수출업자가 상품을 선적한 후 신용장 조건에 일치하는 선적 서류를 은행에 제시하면 대금 지급을 약속하는 유가 증권입니다. 국제간의 거래에서 신용장은 대금 거래의 안정성을 보장하고 신용장 당사자간의 특별 조항들을 명시하여 사전에 분쟁의 소지를 방지합니다.

신용장의 당사자에는 개설 의뢰인, 개설 은행, 수익자, 통지 은행등이 있습니다.

신용장 개설요청

김철수 과장님

그동안 안녕하셨습니까?

다름이 아니고 계약서 번호: BE-090915에 대한 신용장을 아직도 받지 못했습니다. 미리 확인 서신을 보냈음에도 약속된 시간에 신용장을 받지 못하여 유감스럽습니다.

신용장 개설이 늦어짐에 따라 원부자재 구입 및 제품 생산에 관한 스케줄 조정이 불가피하게 되었습니다. 일단 저희도 최선을 다하겠지만 신용장 개설 지연으로 인하여 납기를 못 맞추게 될까 걱정입니다. 그러니 바로 조치를 취해 주시기 바랍니다.

회신 기다리겠습니다.

류 강 올림

바이어 회신

류 강 주임님

안녕하십니까?

신용장 개설이 늦어져서 대단히 죄송합니다.

다름이 아니라 저희 회사 담당 이사님이 현재 출장 중이셔서 아직 결재를 받지 못하여 L/C OPEN이 늦어지게 되었습니다. 저희 이사님은 현재 베트남 출장 중이시고 다음주 수요일에 귀국하시게 됩니다. 귀국하시는 대로 결재를 받아 바로 L/C OPEN을 할테니 조금만 기다려 주십시오.

그리고 다음 주말까지 신용장을 받으면 납기를 어떻게 조정하면 되는지도 확인하여 연락을 주십시오.

약속을 지키지 못하여 죄송합니다.

김철수 과장 올림

제2과 품질
듣기연습1

김과장: 이 천은 정말 예쁘군요. 그런데 왜 다른 천보다 더 질기지요?
류주임: 저, 제가 이유를 설명해 드리겠습니다. 한 가지 이유는 품질을 생각해서 실을 잘 선택했다는 점입니다. 품질을 위하여 정선된 실이 사용되었지요.
김과장: 알겠습니다. 그럼 천의 짜임은 어떻습니까?

商 务 韩 语 听 说 （下）

류주임: 그게 바로 천이 질긴 두번째 이유입니다. 원사의 꼬임상태와 천의 짜임이 모두 매우 촘촘합니다.
김과장: 촉감도 매우 부드럽네요.
류주임: 원단 표면에 특수 가공 처리를 했기 때문에 다른 원단에 비해 촉감이 아주 부드럽습니다.

김과장: 촘촘히 짜여진 천은 입었을 때 쉽게 반들거리잖아요.
류주임: 그 점에 있어서는 저도 동감입니다만 이 천은 그런 면에서 다른 것과는 다릅니다.
김과장: 무슨 뜻이지요?
류주임: 이 천은 자체 광택을 그대로 가지고 있으면서 반들반들해지지 않습니다.
김과장: 어째서 그렇지요?
류주임: 왜냐하면 천을 짤 때 매우 공을 들인데다가 정교한 방법으로 광택이 나도록 했기 때문입니다.
김과장: 아, 알겠습니다.

듣기연습2

　품질은 가격과 함께 시장의 경쟁력을 지배하는 2대 요소입니다. 좋은 품질이 소비자에게 주는 신뢰성에 따라 기업의 신용 뿐만 아니라 국가의 신용도 평가됩니다. 따라서 생산자는 품질의 균형을 유지하며 상품의 품질 관리에 노력해야 합니다.
　품질을 결정하는 방법에 따라 거래 방식이 나누어지는데, 섬유 등 제조 가공품인 경우에는 실물 견본을 보내서 상품의 품질을 결정하는 거래, 즉 견본 매매 거래 방식을 사용합니다. 농산물 거래는 표준품을 가지고 품질을 결정하는 표준품 매매를, 석탄이나 철강 등 규격이 통일된 상품은 명세서를 근거로 품질 조건을 결정하는 명세서 매매를 거래 방식으로 사용합니다. 그리고 품질이 어느 시점에서 결정하느냐에 따라서 선적 품질 조건과 양륙 품질 조건으로 나누어집니다.
　선적 품질 조건은 선적할 때에 서로가 동의한 검정 기관에서 품질 검사를 받아 검사 증명서를 매수인에게 송부함으로써 책임을 면제 받는 조건이고, 양륙 품질 조건은 목적지에서 검사를 받고 품질을 결정하는 것입니다. 일반적으로 매도인의 책임은 선적 시점에서 완료되는 선적 품질 조건이 적용됩니다.

제3과 환율
듣기연습1

김과장: 류주임님, 원화에 대한 인민폐의 가치가 오를 것이라고 들었는데 사실입니까?
류주임: 확실히는 모르지만 아마 그냥 소문일 겁니다.
김과장: 만일 가격이 오르면 어떤 영향을 받게 되시나요?
류주임: 커다란 문제가 되겠지요.
김과장: 저도 그렇게 생각했습니다. 제발 그렇게 되지 않아야 할 텐데요.
류주임: 저도 그러기를 빌고 있습니다.

김과장: 류주임님, 중국의 인민폐 가치가 요즘 계속 오르고 있는데, 웬일입니까?
류주임: 예, 미국의 금융위기의 파장이 세계 경제에 심각한 영향을 주고 있습니다.
김과장: 분명히 그래요. 어떻게 피해 나가실 생각입니까?
류주임: 글쎄요. 너무 지나친 것이 아니기를 바랄 뿐입니다.
김과장: 어느 선에서 끝나야 할 텐데요.
류주임: 예, 그렇지 않으면 한국으로 수출하기가 점점 더 어려워질 겁니다.
김과장: 맞아요. 이대로라면 전처럼 대량의 제품을 주문하기가 힘들어집니다.

듣기연습2

환율만큼 국제 무역에 민감한 반응을 일으키는 요소도 드물 것입니다. 수출업자는 인민폐의 가치가 오르게 되면 상품의 수출 가격이 올라 수출 물량이 점점 줄어들게 되어 환율이 오르지 않기를 바라고 있습니다. 그리고 수입업자는 수입하는 상품의 가격이 올라 상품 대금을 결제하는 것에 큰 부담을 가집니다.
원화에 대한 인민폐의 가치가 계속 상승하자 중국 수출 업계에서는 비상이 걸리고, 중국을 떠나 다른 나라로 수입선을 돌리는 한국 바이어들도 늘어나고 있습니다. 류주임과 김과장은 이 문제에 대해 심각한 고민을 합니다. 인민폐 가치 상승으로 인해서 계약한 물량에 대한 대금 결제가 힘들어지고, 앞으로 대량의 제품 주문은 점점 어려워지기 때문입니다.

제4과 생산
듣기연습1

김과장: 류주임님, 저희는 겨울 시즌을 대비하여 그 제품에 기대를 걸고 있습니다. 언제쯤 완료될 것 같습니까?
류주임: 일이 요즘처럼만 되어 가면 늦어도 11월까지는 완료될 것입니다.

131

商务韩语听说 （下）

김과장: 아니오, 그러면 안 됩니다. 아무리 늦어도 10월 말까지는 다 되어야 합니다.
류주임: 그건 좀 무리겠는데요.
김과장: 그러면 류주임님께서 서둘러 주셔야지요.
류주임: 예, 그러면 서둘러 공장과 연락하겠습니다. 꼭 된다고 장담은 못하지만, 최선을 다해 보겠습니다.

김과장: C-2344제품 5000PCS를 지금 당장 주문하고 싶습니다.
류주임: 죄송하지만 주문을 받을 수가 없습니다. 현재 공장이 다른 주문들로 너무 바빠 조금도 여유가 없습니다.
김과장: 이거 큰일 인데요. 그럼 귀사가 추천할 만한 다른 회사가 없을까요? 품질의 수준이 귀사 정도 되는 회사로요.
류주임: 그럼 부원복장에 한번 연락해서 그 회사 사정이 어떤지 알아보시겠습니까? 과장님께 그 회사의 전화번호와 팩스번호를 알려 드리겠습니다.

김과장: 부원복장의 왕경리입니까? 저는 대한상사의 김과장입니다.
왕경리: 아! 그렇습니까? 류주임으로부터 연락을 받았습니다.
김과장: 저희는 이 작업을 계약에 따라 삼안복장에 할당했습니다만, 그 공장만으로는 그 일을 다 해낼 수가 없기에 귀사가 이 일을 맡아서 해 주셨으면 합니다.
왕경리: 좋습니다. 그 일을 해 드리겠습니다.
김과장: 감사합니다. 귀사는 믿을 수 있고 일도 잘 한다는 것을 알고 있습니다. 잘 부탁 드립니다.
왕경리: 알겠습니다. 최선을 다해서 해 드리겠습니다.

듣기연습2

　　대한상사의 김과장은 겨울 시즌을 겨냥하여 주문해 놓은 제품이 납기에 차질이 없기를 바라며 다시 한번 전화를 걸어 확인해 봅니다. 확인 결과 10월에 선적되어야 할 제품이 11월이 되어야 선적 가능하다고 합니다. 이에 대해 김과장은 류주임에게 생산을 앞당겨 줄 것을 독촉합니다. 류주임은 공장과 연락하여 장담은 못하지만 납기를 앞당기는 데 최선을 다하겠다고 합니다.
　　주문이란 항상 일정하게 있는 것이 아니고 때로는 폭주하는 경우도 많습니다. 이때는 납기일을 지킬 수가 없기 때문에 주문을 거절할 수밖에 없습니다. 김과장은 삼안복장에 추가로 주문하지만 류주임은 공장에 주문량이 너무나 많기 때문에 어쩔 수 없이 거절합니다. 대신에 류주임은 다른 공장을 소개해 줍니다. 삼안복장에서 작업을 다 마칠 수가 없게 된 김과장은 급히 서둘러 소개 받은 회사에 연락하여 일을 부탁합니다. 주문된 제품을 생산하는 과정에서는 많은 여러 애로사항이 발생되는데 무엇보다도 제품의 품질과 납기가 우선시되어야 합니다.

제5과 공장방문
듣기연습1

류주임: 언제 북경으로 오십니까?
김과장: 다음주 월요일입니다. 서울에서의 볼일이 그 때면 다 끝날 테니까요.
류주임: 좋습니다. 그러면 제가 공항에서 공장까지 모셔다 드릴 차를 준비해 놓겠습니다.
김과장: 감사합니다. 제가 탈 비행기는 12시에 떠납니다.
류주임: 좋아요, 그러면 1시까지 공항으로 마중을 나가겠습니다.
김과장: 좋습니다. 감사합니다.

김과장: 저기 굴뚝이 있는 곳이 공장입니까?
류주임: 예, 저기 저 교차로에서 왼쪽으로 돌면 바로 회사 정문이 나올 것입니다. 정말 편하게 왔습니다. 그렇죠?
김과장: 예, 그건 전부 이 차 덕분이죠. 만일 조그만 차로 그렇게 울퉁불퉁한 길을 왔다면, 너무 피곤하고 아파서 검품할 마음도 나지 않을 겁니다.
류주임: 어디서부터 시작할까요? 오늘 공장 안내는 손 선생님이 해 주실 겁니다.
김과장: 손 선생님이라뇨? 제가 전에 만나뵌 적이 있던가요?
류주임: 아뇨, 그분은 공장장이십니다. 제품에 기술상의 어떤 의문이 있으시다면 그 분에게 물어보시면 됩니다.
김과장: 얼른 그분을 만나뵙고 싶군요.

듣기연습 2

　　제품의 품질이나 사양이 바이어의 요구 사항에 맞게 진행되는지를 확인하기 위해서 제품 생산 과정 중에 바이어는 공장을 방문하여 제품 검사를 하게 됩니다. 작업 진행 전에 정한 매매 견본이 제품의 품질 기준이 되며 생산 과정상에서도 그 기준에 맞게 진행되는지를 확인하는 작업입니다. 완성된 제품은 선적 전에 바이어의 최종 검품을 받게 되며 검품 합격된 제품은 선적을 하게 됩니다.

商务韩语听说（下）

협조 요청 서신

김철수 과장님

　항상 여러모로 도와주셔서 감사합니다.

　STYLE NO:09FWCT 여성 울코트 생산이 거의 완료되었습니다. 현재 완성 단계에 있는데 앞으로 일주일 후면 전량 마무리될 것 같습니다. 생산 스케줄에 따라 제품 검사 계획을 잡으시고 검사 일정이 잡히는대로 통보해 주십시오.

　그리고 선적에 관한 요구 사항과 선명 등도 미리 통보해 주시기 바랍니다. 신용장에 규정된 선적 일자대로 선적할 수 있도록 협조 바랍니다.

　이상/감사합니다.

류 강 올림

회신

류강 주임님

　오더 진행 때문에 수고가 많으십니다.

　제품 생산이 완료되는 시점에 맞춰서 다음주 월요일에 제품 검사를 하도록 스케줄을 잡았습니다. 상세한 출장 스케줄은 비행기표가 예약되는 대로 별도로 통보 드리겠습니다.

　선적건에 관해서는 해운에 연락을 해 놓았습니다. 직접 해운에 연락하셔서 선적에 관한 사항을 전달 받으시기 바랍니다. 그밖에 의문 사항이 있으시면 언제든지 연락을 주십시오.

　품질에 끝까지 신경을 써 주시고 다음 주에 뵙겠습니다.

　수고하십시오.

김철수 과장 올림

제6과 검품 및 포장
듣기연습1

류주임: 김과장님, 선적하기 전에 최종 검품을 누가 할 거지요?
김과장: 박 대리가 할 겁니다. 생산이 거의 완료됐다는 소식을 듣는 대로 곧 이리로 올 겁니다.
류주임: 선적 서류를 다 갖추려면 검품 보고서도 있어야 하는 걸로 알고 있는데요. 맞습니까?
김과장: 물론이지요. 그 점은 이미 신용장에 명시되어 있습니다.
류주임: 박대리님은 너무 까다로우세요. 아주 작은 결함만 있어도 불량품으로 규정하신다니까요.

김과장: 그렇게 까다로운 것도 아니지요. 작업 지시서대로만 만들었다면 문제는 전혀 없게 될 겁니다.

박대리: 류주임님, 저희가 낸 주문이 모두 200카톤이 맞습니까?
류주임: 예, 그렇습니다.
박대리: 그렇다면 이 완성품들을 추가 포장해 주셨으면 합니다.
류주임: 그래요? 왜지요?
박대리: 조금도 오염되거나 훼손되어선 안 되니까요.
류주임: 그 점에 관해서라면 염려하실 필요 없습니다.
박대리: 아니에요. 저희는 물건이 완전한 상태로 안전하게 도착할 수 있도록 확실히 해 두고 싶습니다. 추가 포장을 하는 데 비용이 든다면 그 비용도 저희가 부담하겠습니다.
류주임: 그 문제도 염려 마세요. 안전을 위해 특별 포장을 꼭 해 드리겠습니다. 비용도 저희가 부담하구요.

듣기연습2

신용장에는 여러 조항이 있는데 최종 검품자의 합격검품보고서가 있어야 물품 수출 후 대금 지급이 가능한 조항도 들어갈 수 있습니다.

최종 검품을 마친 박대리는 제품의 최종 수량이 모두 얼마인가를 확인합니다. 그리고 제품에 특별한 추가 포장을 해 줄 것을 원합니다.

완제품의 수량은 계약서와 약간의 과부족이 발생할 수 있는데, 이런 경우 과부족 용인조건을 약정하여 일정 과부족이 발생해도 클레임을 하지 않고 과부족 분에 대하여 계약 가격을 정산하면 됩니다.

수출용 제품은 운송 도중 외부의 충격이나 습기 등으로 인한 상품의 파손이 생길 수 있으므로 제품 포장이 중요합니다. 또한 포장은 상품의 가치를 향상시키고 운송을 편리하게 해 줍니다. 다른 화물과 구분하기 위해서 포장 겉면에 특정의 기호나 표시를 하는데 이를 포장 마크 즉, 하인이라고 하는데, 이것은 운송 도중이나 하역 작업 중에서 어느 화물이 수화인의 것인가를 송장과 대조하여 쉽게 구별할 수 있도록 해 줍니다.

제7과 선적지시 및 통보
듣기연습1

김과장: 어느 선사가 인천항으로 가는 배를 가지고 있나요?
류주임: 저, A와 B 두 회사가 있습니다. A는 해운동맹에 가입한 선사이고 B는 비해운동맹선사입니다.

김과장: 그럼 동맹선과 비동맹선의 차이는 무엇입니까?
류주임: 동맹선은 선임이 좀 더 비싸긴 한데 운행이 정기적입니다. 한편 비동맹선은 선임이 좀 더 싸긴 하지만 운행이 불규칙적이지요.
김과장: 알겠습니다. 그럼 바로 다음 번에 출항하는 동맹선사의 선편으로 선적을 합시다.

류주임: 김과장님, 제품의 검품이 다 완료되어서 10월 30일에 예정대로 선적합니다.
김과장: 좋습니다. 선복은 수배해 놓았습니까?
류주임: 예, SEALAND사의 10월30일 천진발 'GOLDEN VOYAGE'입니다.
김과장: 컨테이너선인가요?
류주임: 예, 40' 컨테이너선을 수배해 뒀습니다.
김과장: 직항선입니까? 언제쯤 인천항에 도착하지요?
류주임: 직항선이고 11월 1일에 인천항에 도착합니다.

듣기연습2

제품 선적을 하기 위해 무역 담당자는 포워딩업체에 연락하여 용선과 부킹을 하고 세관에 수출 통관 수속을 합니다. 그리고 바이어에게 선적과 관련된 내용을 통보합니다.

국제 화물 운송 방식으로는 해상 운송과 철도 운송, 항공 운송이 있으며 두 가지 이상 운송 방식이 결합된 복합 운송이 있습니다. 대량의 화물 운송시에는 비용이 저렴한 해상 운송을 주로 이용하고, 항공 운송은 비용이 비싸지만 운송 속도가 빨라서 급한 화물이나 소규모 화물 운반에 사용됩니다. 국제간의 운송 단위로는 일반적으로 컨테이너를 사용하는데, 컨테이너 한 대를 전부 사용하는 FCL과 부분적으로 사용하는 LCL이 있습니다.

선적 통보

김과장님
수고가 많으십니다.
STYLE NO:09FWCT 여성 울코트 선적건입니다.
귀사가 지정하신 포워딩 업체에 연락하여 이미 스페이스를 잡았습니다. 다음주 목요일 천진-인천 배편이고, 선명은 'GOLDEN VOYAGE'이며 목요일 저녁에 출항하여 토요일 아침에 인천항에 도착합니다. 계약대로 40' 컨테이너 한 대로 선적하겠습니다. 운임은 귀사와 이미 합의되었다고 합니다.
목요일 오전 열시에 컨테이너가 공장에 도착하여 컨테이너 작업을 하기로 하였습니다.
이상/감사합니다.

류 강 올림

제8과 서류송부 및 통관
듣기연습1

류주임: 김과장님, 저희가 2차로 선적한 물품을 아직 못 받으셨다면서요? 지체되고 있는 이유가 뭡니까?
김과장: 예, 화물이 세관에 묶여 있습니다.
류주임: 그래요? 문제가 뭔지 알고 계시나요?
김과장: 세관에 전화해 봤더니 서류가 제대로 갖춰지지 않았다는군요.
류주임: 정말이세요? 제가 선적 서류들을 발송 전에 점검했었는데 모든 것이 문제가 없는 것 같았는데요.
김과장: 그럼, 제가 직접 가서 알아본 뒤에 알려 드리겠습니다. 그럼 되겠지요?

김과장: 송장 SA-34675를 보니까 실제 사실과 다르게 금액과 수량이 기재되어 있었습니다.
류주임: 정말 황당한 실수를 했습니다. 용서해 주십시오.
김과장: 괜찮습니다. 어떻게 해서 그런 착오가 일어났습니까?
류주임: 저, 지난주에 직원들이 굉장히 바빴거든요. 그래서 새로 들어온 젊은 사무원 중의 한 명이 귀사와의 거래를 다른 회사의 것과 혼동을 한 겁니다.
김과장: 그랬군요, 이로 인해 통관이 지체되었습니다.
류주임: 정말 죄송합니다. 지금 정확한 수량과 금액의 송장을 작성하고 있습니다. 작성 즉시 바로 보내 드리겠습니다.

듣기연습2

선적 서류의 잘못으로 통관이 지연될 경우가 생길 수 있으므로 주의해야 합니다. 선적 서류는 일반적으로 선하증권, 보험증권 및 상업송장의 3가지로 이루어지는데, 경우에 따라서는 원산지증명서, 검사증명서, 포장명세서 등을 필요로 하는 경우도 있습니다.

선적 서류 송부

김철수과장님
수고가 많으십니다.
어제 선적건에 관한 선적 서류를 팩스 보냅니다.
인보이스와 패킹 리스트를 보내고 선하증권은 우선 사본을 팩스로 보내 드립니다.
원산지증명서는 별도로 핸드캐리 보내 드리겠습니다.

수입 통관에 도움이 되었으면 합니다.
이상/감사합니다.

류강 올림

회신

류강주임님
　오전에 보내 주신 팩스는 잘 받았습니다.
　서류가 도착하는 대로 바로 수입 통관을 할 것입니다.
　그리고 원산지증명서를 발송한 송장을 팩스로 보내 주십시오.
　올해는 날씨가 쌀쌀해서 벌써 겨울 코트를 찾는 사람들이 많습니다. 그러므로 빨리 통관하여 납품하려고 하니 비엘을 SURRENDER 해 주시기 바랍니다. 비엘을 써랜드 해 주시면 통관 시간을 단축시킬 수 있습니다.
　협조 부탁 드리겠습니다.

김철수과장

제9과 납기
듣기연습1

류주임: 김과장님, 죄송합니다만, 귀사의 2차 주문을 한꺼번에 다 선적할 수는 없을 것 같습니다. 두 차례로 나누어 선적해야겠어요.
김과장: 저런, 물건이 11월 10일까지 다 도착하지 못한다면, 그건 좀 곤란한데요.
류주임: 전력 공급이 원활하지 않아서 공장 가동이 자주 정지가 되었습니다.
　　　　주문한 것이 11월 10일까지 전부 필요하십니까?
김과장: 아, 그렇진 않아요, 말씀하시니까 생각이 나는데요, 일부 품목은 나중에 도착해도 될 것 같군요.
류주임: 저, 그렇다면 귀사께서 11월 10일까지 필요하신 품목들은 1차 선적시에 보내 드리고 나머지는 2차 선적때 보내 드리면 어떨까요?
김과장: 좋습니다.

류주임: 원자재의 인도 지연으로 납기 내에 귀사 상품을 선적할 수가 없습니다. 납기를 1주일 연장해 주실 수 있습니까?
김과장: 안 됩니다. 이미 합의한 사항은 변경이 불가능합니다. 잔업을 해서라도 제날짜에 맞추어 주셔야 합니다.
류주임: 지금 전 직원이 매일 잔업을 하고 있습니다. 어렵더라도 며칠만 연장해 주십시오.

김과장: 그럴 수 없습니다. 상품은 정시에 도착되어야 합니다.
류주임: 그러시다면 주문량의 반을 먼저 보내 드리고 나머지는 1주일 후에 항공편으로 보내 드리면 어떨까요?
김과장: 정 다른 방법이 없다면 그 조건을 받아 드리겠습니다. 하지만 이 약속은 무슨 일이 있더라도 꼭 지켜야 합니다.
류주임: 알겠습니다. 꼭 지키겠습니다.

듣기연습2

　납기는 고객이 언제까지 상품을 선적하라고 요구한 납기와 실제로 공장에서 제품을 선적할 수 있는 날짜를 약속한 납기가 있습니다. 바이어 요구 납기와 실제 공장의 약속한 납기가 일치하면 가장 좋으나, 바쁜 성수기에는 차이가 나는 경우가 발생합니다.
　생산 공장에서는 약속한 납기에 대해 반드시 지킬 의무가 있습니다. 하지만 원재료의 부족, 생산 능력이나 인원의 부족, 또한 제품 품질상의 문제 등으로 인해 납기에 어려움이 생길 수 있습니다. 이 같은 경우에는 바이어에게 사정을 설명한 후 납기를 지키기 위해 최선의 노력을 다 해야 합니다. 고객으로부터 요구된 납기의 경우, 주문 수량의 급격한 증가나 무리한 주문 일자로 인해 납기에 어려움이 발생할 수 있습니다. 이 경우 우선 기업의 생산 능력을 고려하여 가능한 납기일을 바이어와 상담합니다. 그리고 되도록이면 바이어 요구한 납기에 선적할 수 있도록 노력해야 합니다. 계약한 수량을 제 날짜에 전량 선적을 하는 것이 우선이나 여러 원인으로 인해 부득이 계약 물품을 여러번 나누어 시간적 간격을 두고 선적하게 되는데 이를 분할 선적이라고 합니다. 그리고 화물이 최종 목적지에 도착하기 전에 운송 중 다른 운송 수단으로 옮겨 싣는 것을 환적이라고 합니다.

제10과 제품하자
듣기연습1

김과장: 류주임님, 고객들로부터 여러 가지의 반응들이 들어오고 있는데 별로 좋지 못한 것들입니다.
류주임: 그렇습니까? 불량품에 대해서는 반송해 주십시오. 운임과 수선 비용은 저희가 부담하겠습니다.
김과장: 알겠습니다. 하지만 불량 제품에 대해 원인 규명을 해 주십시오. 다시는 그런 일이 발생되지 않도록 말입니다.
류주임: 알겠습니다. 그 문제는 제가 신경을 쓰겠습니다.

商务韩语听说 (下)

김과장: 귀사에서 선적한 제품에서 다수의 불량이 발견되고 있습니다.
류주임: 그래요? 그 말을 들으니 놀랍군요.
김과장: 그뿐만이 아닙니다. 일부의 제품에서는 검은 점과 작은 구멍들이 발견됩니다.
류주임: 어째서 그런 일이 생겼는지 모르겠군요. 모든 제품은 이곳을 떠나기 전에 철저한 검품을 거쳤거든요.
김과장: 공장에 공정상의 결함이 아닐까요?
류주임: 글쎄요. 단계마다 세심한 주의를 기울여 빠짐없이 확인했습니다.
김과장: 하여튼, 어딘가에서 뭔가 잘못된 것이 분명합니다.
류주임: 김과장님, 정말이지 저희는 이 제품에 많은 시간과 노력을 쏟았습니다.
김과장: 압니다. 하지만 중요한 것은 결과입니다.

듣기연습2

　　주문품은 무엇보다도 품질과 납기가 생명입니다.
　　주문량이 많을 때 정해진 시간에 우수한 품질을 공급하는 것에는 많은 노력이 따릅니다. 그리고 제품의 하자에 대해서는 책임을 회피하는 모습보다 적극적으로 조치를 하는 것이 바람직합니다. 불량품에 대해서 신속한 조치를 하면 바이어의 신뢰를 얻습니다. 그리고 원인 규명을 분명히 해서 다음에 재발생되지 않도록 노력하여야 합니다.

제품 하자 서신

김철수과장님
　항상 여러모로 도와주셔서 감사합니다.
　2차 출고건에 관해서는 품질 문제로 납품이 늦어진 점을 대단히 죄송하게 생각합니다.
　제품 검사에서 문제가 된 부분들에 관하여 저희도 최선을 다하여 수정했지만 요구사항대로 완벽하게 수정이 되지 않고 있습니다. 물론 처음부터 생산 관리에 신경을 쓰지 못하여 품질에 문제가 생기게 된 저의 잘못이 큽니다. 하지만 현 상황에서는 아무리 수정해도 품질이 개선되지 않으니 다른 방법을 강구해 봐야 할 것 같습니다.
　잘 부탁 드리겠습니다.

류 강 올림

오더 캔슬 통보

류강 주임님
　보내 주신 팩스는 잘 받았습니다. 그리고 팩스 내용도 충분히 이해하였습니다. 본

오더건은 브랜드 제품이라 품질에 하자가 있으면 절대 안 됩니다. 현재 당사는 납기 지연으로 인하여 여러모로 어려움을 겪고 있습니다. 최종 바이어한테 신용도까지 의심을 받을 지경입니다. 납기가 20일 가까이 지연된 데다가 품질마저 떨어지면 이런 제품은 도저히 납품할 수 없습니다.

   오더를 진행하느라고 수고가 많으셨습니다만 이 상태로 도저히 제품을 받을 수 없으니 오더를 캔슬할 수밖에 없습니다.

   물론 납품하지 못한 데 대한 손해 배상 청구가 따를 것이지만 서로 손실을 줄일 수 있도록 최선을 다하겠습니다. 바이어와 상의 후 최종 결과를 통보 드리도록 하겠습니다.

   이번 거래는 실패했지만 앞으로 더욱 좋은 협력 기회가 있기 바랍니다.

김철수 과장 올림

제11과 클레임
듣기연습1

김과장: 류주임님, 귀사가 제품 결함에 대한 책임을 면할 수 있는 방법은 없습니다.
류주임: 제품이 공장에서 떠날 때에는 하자가 없었습니다.
김과장: 그 점에 대해서는 더 이상 논쟁하고 싶지 않습니다. 당사 클레임이 해결되든가 아니면 이번 거래는 끝장입니다.
류주임: 이 거래를 놓치고 싶진 않지만, 전적으로 저희 측 잘못이라는 손해 배상 청구에는 응할 수 없습니다.
김과장: 선택의 여지를 주시지 않는군요. 저희는 이번 계약을 취소하는 수밖에 없겠습니다.
류주임: 자, 이러지 말고 서로 이성적으로 해결을 합시다. 우리가 손해 보는 만큼 손해를 보시게 될 텐데요.

김과장: 저, 류주임님, 어떻게든 이 손해 배상은 해결해 주셔야 합니다.
류주임: 김과장님 입장은 이해합니다. 그러나 이번만큼은 그것에 대해 저희가 책임을 다 질 수는 없습니다.
김과장: 왜 그렇지요?
류주임: 김과장님도 아시지만, 이번 작업의 납기가 대단히 촉박했습니다. 저희로서는 납기를 지키기 위해 최선을 다했지만 그 과정에서 제품 품질에 다소 소홀해진 점에 대해서는 이해를 해 주셔야 합니다.
김과장: 그러면 어떤 해결 방안을 내놓으시겠습니까?
류주임: 절반 정도의 금액으로 마무리지으면 어떨까요?
김과장: 알겠습니다. 저희 사장님과 상의한 후 다시 연락 드리겠습니다.

商务韩语听说 (下)

듣기연습2

클레임이란 매매 당사자간에 일어나는 배상 청구를 말합니다. 주로 매도인이 공급한 상품이 품질 불량, 포장 불량, 수량 부족, 납기 지연 등으로 매매 계약을 위반하였을 때 매수인은 손해에 대하여 매도인에게 클레임을 제기합니다.

클레임건

류강 주임님

이번 작업을 마무리하느라고 수고가 많았습니다.

어찌됐든 철저한 수정을 거쳐 바이어 요구에 맞는 품질로 납품하게 되어 다행입니다. 앞으로는 생산 과정 중에 처음부터 관리를 철저히 하셔서 다시는 이런 일이 없었으면 좋겠습니다.

계약에 따르면 납기 지연에 대한 클레임 금액은 일주일 지연시 5%, 2주 지연시 10%, 3주 지연시 20%입니다. 이번에 납기가 3주 이상 지연되면서 오더 캔슬의 위기까지 있었습니다. 하지만 다행히도 추운 날씨가 계속되면서 코트를 찾는 사람들이 많아져 최종 바이어의 양해를 받아 납품하게 되었습니다. 클레임 금액에 관해서는 당사에서도 미리 체크하지 못한 관리 책임도 있고 또 앞으로의 협력을 감안하여 서로 반반씩 부담하는 것이 어떨까요? 충분히 검토를 하신 후 내일까지 회신을 주십시오.

수고하십시오. 귀사 총 경리님한테도 안부 전해 주십시오.

김철수 과장 올림

제12과 타협안 제시

듣기연습1

김과장: 류주임님, 이번 작업에서 납기일이 다소 짧은 것을 인정합니다. 그래서 이번 계약의 클레임건은 서로 반씩 배상을 하는 것이 어떻습니까?

류주임: 알겠습니다. 회사에 이야기해서 귀사의 제의가 받아지도록 노력하겠습니다.

김과장: 총 배상 금액이 10000불입니다. 저희 제안이 받아지면 이번 계약 대금 송금시 5000불을 제하고 보내겠습니다.

류주임: 알겠습니다. 사장님과 확인한 다음에 연락 드리겠습니다.

류주임: 김과장님, 저희 사장님께서 귀사의 타협안 제시를 승낙하셨습니다. 이제 모든 점이 합의가 된 것 같군요. 저희에게 송금할 금액에서 5000불을 제하고 보내십시오.

김과장: 그리고 귀사에서 보낸 지난번 제품들에 대해 저희가 환불 받을 게 있습니다.

류주임: 예, 환불해 드려야 할 게 있다는 건 알고 있는데 정확한 금액이 얼마인지는 얼른 생각이 나질 않습니다.
김과장: 저희에게 지불하셔야 할 금액이 2800불입니다.
류주임: 그게 전부입니까? 저는 더 많은 줄 알았는데요.
김과장: 글쎄 더 주시고 싶으시면 더 받겠습니다.
류주임: 아닙니다. 말씀하신 것을 그대로 믿겠습니다. 그 금액을 마저 제하시고 이번 주 안으로 송금해 주시길 바랍니다.
김과장: 알겠습니다. 이번주 수요일까지 송금해 드리겠습니다.

듣기연습2

클레임을 제기받은 경우 우선 클레임 내용의 정당성 여부 및 증거 서류를 면밀히 검토해야 합니다. 그 다음에 클레임 해결에 관한 입장과 해결 방안을 상대방에게 신속하고 설득력 있게 전달해야 합니다. 무역 클레임의 해결은 당사자간에 합의에 의한 해결과 중재를 통한 제3자 개입에 의한 해결이 있습니다. 이번 대한상사와 북경상사의 무역 클레임은 당사자간의 자주적인 교섭과 양보로 분쟁을 해결합니다.

클레임에 대한 회신

김철수 과장님

항상 여러모로 도와주셔서 대단히 감사합니다.

이번에 선적한 제품이 바이어한테 최종 납품이 되었다니 참 기쁩니다.

오더를 진행하면서 이런 저런 문제점이 발생할 수도 있겠지만 원만한 해결을 보는 것이 제일 중요하다고 생각합니다. 김과장님도 아시다시피 이번 작업은 참 힘든 작업이었습니다. 저희가 납기 및 기술상의 부족을 미리 예상하지 못하고 오더를 받았다가 이런 상황이 발생한 것입니다. 하여튼 이번 일을 교훈으로 삼고 더 열심히 하겠습니다.

클레임건에 대해서는 귀사에서 반을 부담해 준다고 하니 정말로 감사합니다. 저희 회사 총경리님께도 보고를 드렸는데 고맙게 생각한다고 전해 달라고 하셨습니다.

김과장님이 제안하신 대로 이번주 중으로 클레임 처리를 하여 송금해 주십시오.

대단히 감사합니다.

류 강 올림

商务韩语听说 （下）

제13과 미수금회수

듣기연습1

류주임: 김과장님, 이번에 출고된 제품은 품질에 이상이 없었는지요.
김과장: 예, 제품에 큰 문제는 없었습니다. 그리고 납품도 순조롭게 되었습니다.
류주임: 다행입니다. 저 다름이 아니라 매번 약속대로 결제해 주셨는데 이번에는 결제가 좀 늦어지는 것 같아서 전화 드렸습니다.
김과장: 죄송합니다. 요즘 회사의 자금 상황이 좋지 않아서 대금 송금이 좀 늦어졌습니다. 양해하시고 조금만 기다려 주십시오.
류주임: 예. 오랫동안 거래를 해 오면서 귀사의 신용에 대해 높이 평가하고 있습니다. 자금 상황이 어려우시면 결제 대금 40만 불 중에서 반만 먼저 결제해 주시고 나머지는 다음달 중으로 해결해 주셔도 됩니다.
김과장: 알겠습니다. 양해해 주시니 감사합니다. 사장님께 말씀 드려서 이번주 중에 대금의 일부라도 송금해 드리도록 하겠습니다.
류주임: 감사합니다. 그리고 송금하신 후에는 송금 영수증을 팩스로 보내 주십시오.
김과장: 알겠습니다. 그렇게 하겠습니다.

듣기연습2

미수금 독촉 서신이란 판매하는 사람이 일정한 기간 안에 대금을 받지 못하여 상대방에게 대금을 독촉하거나 알려주는 서신입니다. 미수금 독촉 서신을 작성할 때는 표현이 세련되고 내용 전달이 정확하며 말투가 성실하고 예의가 있어야 합니다.

상대방의 감정을 상하지 않도록 주의하여 일부러 돈을 안 주는 것처럼 표현해서는 안 됩니다. 그럴 경우에는 대금 독촉 업무 목적을 이루지 못할 뿐 아니라 앞으로의 업무에도 지장을 줍니다. 그러나 여러 번 재촉해도 돈을 안 주거나 일부러 돈을 주지 않으려는 바이어에게는 말투를 강경하게 하여야 합니다.

미수금 독촉을 할 때에 지켜야 할 원칙은 돈을 받는 목적과 더불어 바이어와의 우호관계를 유지시켜야 합니다.

미수금 독촉

김철수 과장님

그 동안 안녕하셨습니까?

Order No:HY09-005 제품 대금에 관한 건입니다.

지금까지 매번 약속대로 결제해 주셔서 감사합니다. 그런데 이 번에는 결제가 좀 늦어지는 것 같습니다. 출고한 지 15일이나 지났는데 아직 대금을 회수받지 못하여 이렇게 연락을 드립니다. 혹시 지불 요청을 받지 못하셨을까 봐 다시 한번 팩스로 보내 드리니 빠른 시일 내로 처리해 주시리라 믿습니다.

송금하신 후 송금 영수증을 팩스로 보내 주시면 감사하겠습니다.
귀사의 일익번창을 기원합니다.

류 강 올림

제14과 적화보험
듣기연습1

김과장: 이번에 저희가 중국으로부터 물품을 구입하여 미국으로 보내려고 하는데 어떤 보험에 부보해야 좋습니까?
이경리: 물품은 어떤 가격 조건으로 구입했습니까?
김과장: FOB 천진 조건으로 했습니다.
이경리: 그럼 해상운송보험약관에 가입해야 합니다.
김과장: 해상보험운송약관에는 어떤 보험 종류들이 포함되어 있습니까?
이경리: 기본보험조건으로 단독손해부담보, 분손담보, 전위험담보가 있습니다.
김과장: 이번에 저희가 구입해 가는 물품은 의류 제품입니다. 어떤 종류의 보험에 가입하는 것이 좋겠습니까?
이경리: 상세한 것은 이 설명서에 다 적혀 있습니다. 특별한 사항이 없는 경우에는 관례대로 분손담보에만 가입합니다.
김과장: 이번 화물은 환적을 해야 하는데 이 경우 도난이나 파손의 위험이 따릅니다. 추가로 이 부분에 대한 보험도 들어야 되지 않을까요? 그리고 장거리 해상운송이라 아무래도 FPA나 WPA만으로는 부족할 것 같습니다.
이경리: 물론 전위험담보조건에 가입하는 것이 가장 좋습니다. 하지만 보험료가 상대적으로 비쌉니다. 화물에 안전이 걱정되시면 FPA나 WPA에 부가위험담보조건을 추가로 부보하면 저렴한 보험료로 전위험담보조건과 동일한 효과를 거둘 수 있습니다.
김과장: 그렇다면, 이경리 의견대로 어떤 보험을 추가로 부보할 것인지를 논의해 봅시다.

듣기연습 2

해상적하보험이란 선박이나 항공기로 운송되는 화물이 통상적인 운송 과정에서 발생한 사고로 손상을 입었을 경우에 그 손해를 보상하는 보험이며, 해상적하보험증권은 선하증권, 상업송장과 함께 환어음에 첨부되어 국제무역거래계약의 이행 수단으로 이용됩니다.

적하보험 서신

김철수 과장님

요즘 성수기라 많이 바쁘시죠?

다름이 아니라 이번 신규 오더의 적하 보험 문제에 관하여 의논을 드리려고 합니다. 이번에 작업하는 화물에 대한 보험도 관례대로 FPA에만 가입하라는 통보를 받았는데 다음과 같은 이의가 있으니 검토 바랍니다.

우선, 이번 화물은 환적을 해야 하는데 지정된 항구에서 환적할 경우 도난이나 파손의 위험이 따릅니다. 그래서 추가로 이 부분에 대한 보험도 들어야 되지 않을까요?

다음으로 장거리 해상 운송인 만큼 기후의 영향도 감안해야 하니 아무래도 FPA만으로는 부족할 것 같습니다.

그러니 FPA와 WPA 및 일반부가위험담보조건이 다 포함된 ALL RISK에 가입하는 것이 어떤지요?

검토하신 후 확답을 주시면 정확한 견적을 내어 드리도록 하겠습니다.

이상/감사합니다.

이명철 올림

제15과 전자상거래
듣기연습1

전자상거래라 함은 기업 간 또는 기업과 고객간의 거래가 전자 정보를 통해 이루어지는 것으로 인터넷상의 비즈니스와 네트워크를 활용하여 행해지는 계약, 주문, 배달, 대금 청구 및 지불에 이르는 모든 상거래 활동을 의미합니다. 즉 인터넷 전자상거래가 쇼핑 문화, 기업간 거래 방식, 금융 시스템, 정부 구조 등 사회 전분야의 모습을 바꿔가고 변화를 가져오고 있습니다. 인터넷을 통하여 전 세계적 시장 범위를 확대할 수 있으며, 유통 경로를 줄여 불필요한 거래 비용을 절감할 수 있고, 고객이 원하는 내용을 쌍방향적으로 즉각적인 대응이 가능합니다.

전자상거래의 형태로는 공급자와 수요자의 성격에 따라 크게 B2B, B2C, C2C, B2G로 나눕니다.

1. B2C: 기업과 소비자간의 거래

이 유형은 기업과 소비자간의 전자상거래로 현재 가장 많은 비중을 차지하는 유형입니다.

사전적으로는 기업이 전자적 매체를 통신망과 결합하여 소비자에게 재화나 용역을 거래하는 행위로, 초기에는 전자제품, 의류, 가구 등의 물리적인 제품이 주를 이루었으나, 최근 들어서는 게임, 동영상 등의 디지털 상품을 비롯, 그 거래 물품 영역은 점점 확대/파괴되고 있습니다.

일반적인 쇼핑몰과 같이 기업이 개인 고객을 대상으로 하는 전자상거래입니다.

2. B2G: 기업과 정부간의 거래

이 유형은 기업과 정부간의 전자상거래 유형으로, 정부가 조달 예정 상품을 인터넷 가상 상점에 공시하고 기업들이 가상 상점을 통하여 공급할 상품을 확인하고 주요 거래를 성사하는 과정입니다.

기업이 정부를 대상으로 조달청에 입찰하여 정부 납품권을 따내는 것들을 들 수 있습니다.

3. B2B: 기업들간의 거래

이는 기업과 기업들간의 전자상거래 유형으로, 기업간의 업무 처리를 사람의 이동과 종이 서류가 아니고 디지털 매체로 하는 제반 과정을 의미합니다.

예를 들면 제조업과 원료 공급자와 수요자인 기업간의 거래 및 발주, 수주 그리고 기업과 금융기관의 자금 결제 등을 포함한 모든 처리를 인터넷상에서 행하는 거래 유형입니다.

이 거래의 경우 구매, 판매, 판촉 등의 비용의 절감, 재고 물량의 감소, 상품 회전 주기의 단축 등 많은 분야에서 강점을 보이고 있습니다. 보통 대량의 도매 거래 형태로 대량의 전자상거래를 하는 것입니다.

4. C2C: 소비자와 소비자간의 거래

이 유형은 소비자와 소비자간의 전자상거래로, 소비자끼리 서로 인터넷을 이용하여 일대일의 거래를 하는 것을 의미합니다. 주로 경매나 중고품 매매가 일반적이며, 대표적인 모델은 미국의 eBay나 중국의 타오빠오(淘宝)등이 있습니다. 본격적인 쇼핑몰을 운영하기 전에 옥션, 온켓, 오픈마켓과 같은 마켓플레이스에서 시험 삼아 개인으로서 상품을 올려보면서 반응에 따라 쇼핑몰 사업을 확장하기도 합니다.

商务韩语听说 (下)

듣기연습 2

기업의 측면에 있어서 긍정적인 특성

1) 전자상거래는 시간적, 공간적인 제약에서 자유롭다.

　　영업시간의 제약이 없어짐으로써 24시간 고객과의 거래가 가능하고, 지역적인 공간 제약이 없어 전국, 전세계를 시장으로 마케팅이 가능합니다.

2) 가격경쟁력을 제고시킨다.

　　이는 소비자를 직접 상대할 수 있으므로 도매점, 소매점등의 여러 단계의 중간 유통단계를 줄여 비용을 절감함으로써 마진이 늘어나 보다 시장경쟁력을 높일 수 있습니다.

3) 효율적인 마케팅 및 Service가 가능하다.

　　EC는 디지털 문서교환이 가능하므로 구매자 또는 회원의 정보가 자사의 컴퓨터에 DB로 구축, 구매자의 구매취향을 DB정보로 분류하여 고객이 흥미를 가질 만한 제품정보를 지속적으로 공급하여 구매를 유도할 수 있습니다.

　　이를 통해 광고비 절감을 할 수 있고, 광고비 대비 높은 구매효과를 얻을 수 있는 특징이 있습니다. 또한 인터넷을 통한 즉각적인 대응이 가능하므로 고객 Service 측면에서 보다 빠르게 대응할 수 있습니다.

4) 고정운영비와 간접비용이 줄어든다.

　　인터넷전자상거래는 무점포, 무종업원이 큰 특징입니다.

　　제품판매와 매장확보를 위한 구입, 임대비용과 종업원 고용비용이 줄어듭니다.

单　词

한국어	품사	중국어	과
가공처리	（名）	加工处理	2课
가동	（名）	启动	9课
가상	（名）	假想，虚拟	15课
가입하다	（动）	加入	7课
가치	（名）	价值	3课
간격	（名）	间距	9课
간접	（名）	间接	15课
감정을 상하다	（词组）	伤感情	13课
강경하다	（形）	强硬	13课
강구하다	（动）	强求	10课
강점을 보이다	（词组）	有优势	15课
개선되다	（动）	被改善	10课
개설의뢰인	（名）	开设委托人	1课
거두다	（动）	取得	14课
거래은행	（名）	交易银行	1课
거점	（名）	据点、地点	15课
검다	（形）	黑	10课
검사증명서	（名）	验货报告	8课
검정기관	（名）	鉴定机关	2课
검품	（名）	验货	10课
검품하다	（动）	验货	5课
겉면	（名）	表面	6课
게임	（名）	游戏	15课
겨냥하다	（动）	瞄准	4课
견본매매	（名）	样品买卖	2课
결재	（名）	批准	1课
결제하다	（动）	结帐	13课
결함	（名）	缺陷	6课
결합하다	（动）	结合	15课
경로	（名）	途径	15课
경매	（名）	竞拍	15课
계획을 잡다	（词组）	制定计划	5课
고용	（名）	雇佣	15课
고정	（名）	固定	15课
곤란하다	（形）	困难、为难	9课
공시하다	（动）	公告	15课
공을 들이다	（词组）	付出心血	2课
과부족	（名）	溢短	6课
과부족용인조건	（名）	溢短装条款	6课
관례	（名）	惯例	14课
광고비	（名）	广告费	15课
광택	（名）	光泽	2课
교섭	（名）	交涉	12课
교차로	（名）	交叉路	5课
교환	（名）	交换	15课
교훈	（名）	教训	12课
구멍	（名）	孔	10课
구분	（名）	区分	15课
구분하다	（动）	区分	6课
구조	（名）	构造	15课
굴뚝	（名）	烟囱	5课
규정하다	（动）	规定	6课
균형을 유지하다	（词组）	保持平衡	2课
금융위기	（名）	金融危机	3课
금지하다	（动）	禁止	1课
급격하다	（形）	急剧的	9课

商务韩语听说（下）

급히	（副）	急匆匆地	4课	독촉하다	（动）	督促	4课
기대를 걸다	（词组）	期待	4课	돌다	（动）	转弯	5课
기울이다	（动）	倾注	10课	돌리다	（动）	扭转	3课
기재되다	（动）	被记载	8课	동감	（名）	同感	2课
기호	（名）	记号	6课	동영상	（名）	视频	15课
까다롭다	（形）	挑剔	6课	동의하다	（形）	同一的	2课
꼬임상태	（名）	捻线状态	2课	동일하다	（形）	同样的	14课
끝장	（名）	完了	11课	되도록이면	（惯）	尽可能的话	9课
나머지	（名）	剩下	13课	드물다	（形）	罕见	3课
납품권	（名）	供货权	15课	디지털	（名）	数码	15课
납품하다	（动）	交货	10课	따다	（动）	摘取	15课
납품하다	（动）	交货	8课	따르다	（动）	跟随	10课
내놓다	（动）	拿出	11课	마무리되다	（动）	被结束	5课
논쟁하다	（动）	争论	11课	마저	（副）	全、都	12课
놀랍다	（形）	令人惊讶的	10课	마진	（名）	利润	15课
높이다	（动）	提高	15课	마케팅	（名）	市场	15课
놓치다	（动）	错过	11课	말투	（名）	口吻	13课
능력	（名）	能力	9课	맞추다	（动）	按照	5课
늦어도	（副）	最迟	4课	매장	（名）	卖场	15课
다소	（副）	多多少少	11课	매체	（名）	媒体	15课
다수	（名）	多数	10课	면밀히	（副）	周密地	12课
단계	（名）	阶段	5课	면하다	（动）	免除	11课
단독손해부담보				명세서매매	（名）	明细单买卖	2课
	（名）	平安险	14课	명시되다	（动）	明确标记	1课
단축시키다	（动）	使……缩短	8课	모델	（名）	模式	15课
당초	（名）	当初	3课	목적을 이루다			
대단히	（副）	十分、非常	11课		（词组）	达成目的	13课
대비하다	（动）	为……做准备	4课	무관	（名）	无关	15课
대조하다	（动）	对照	6课	무리	（名）	勉强	4课
더불어	（副）	一起	13课	무점포	（名）	无店铺	15课
도난	（名）	偷盗	14课	묶이다	（动）	被搁置	8课
도매상	（名）	批发商	15课	문서	（名）	文件	15课
도저히	（副）	实在是	10课	미수금	（名）	欠款	13课
도중	（名）	途中	6课	민감하다	（形）	敏感	3课
독촉	（名）	督促	13课	바람직하다	（形）	正确	10课

单　词

반들거리다（形）	光滑	2课	불량품　（名）	次品	6课
반들반들하다			브랜드　（名）	名牌	10课
（形）	光滑	2课	비상이 걸리다		
반송하다（动）	返运，回运	10课	（词组）	拉响橙色警报	3课
반응　（名）	反应	3课	비용　（名）	费用	6课
받아지다（动）	被接受	12课	비중을 차지하다		
발　（依存）	出发	7课	（词组）	占比重	15课
발견되다（动）	被发现	10课	비해운동맹선사		
발주　（名）	订货	15课	（名）非海运同盟轮船公司		7课
방안　（名）	方案	11课	빌다　（动）	祈求	3课
배달　（名）	送货	15课	빠짐없이（副）	毫无遗漏	10课
배상　（名）	赔偿	11课	사본　（名）	复印件	8课
범위　（名）	范围	15课	사양　（名）	式样	5课
별도로（副）	另行	5课	사정　（名）	情况	9课
보고서（名）	报告	6课	삼다　（动）	当作	12课
보상하다（动）	补偿	14课	상세히（副）	详细地	1课
보증하다（动）	保证	1课	상승하다（动）	上升	3课
보험료（名）	保险费	14课	상업송장（名）	商业发票	1课
보험에 부보하다			상의　（名）	商议	10课
（词组）	投保	14课	상점　（名）	商店	15课
보험증서（名）	保险单	1课	생각이 나다（词组）	想起	12课
복합운송（名）	国际多式联运	7课	생명　（名）	生命	10课
본격적이다（形）	正式的	15课	생산자（名）	生产者	2课
부담을 가지다			서두르다（动）	抓紧	4课
（词组）	有负担	3课	석탄　（名）	煤炭	2课
부담하다（动）	负担、承担	6课	선　（依存）	界限	3课
부드럽다（形）	柔软	2课	선명　（名）	船名	5课
부킹　（名）	订船	7课	선복　（名）	舱位	7课
분류되다（动）	被分类	15课	선사　（名）	轮船公司	7课
분손담보（名）	水渍险	14课	선임　（名）	运费	7课
분야　（名）	领域	15课	선적품질조건		
분할　（名）	分批	1课	（名）	装船质量条件	2课
분할선적（名）	分批装船	9课	선편　（名）	船次	7课
불가피하다（形）	不可避免的	1课	선하증권（名）	装船提单（B/L）	8课
불규칙이다（形）	不规则的	7课	설득력（名）	说服力	12课

商务韩语听说（下）

설명서	（名）	说明书	14课	시즌	（名）	季节	4课
성수기	（名）	旺季	9课	시험 삼다	（词组）	作为试验	15课
성실하다	（形）	诚实	13课	신경을 쓰다	（词组）	费心思	5课
세관	（名）	海关	8课	신뢰	（名）	信赖	10课
세련되다	（形）	干练	13课	신뢰성	（名）	信赖性	2课
세심하다	（形）	细心的	10课	신속하다	（形）	迅速	10课
소매상	（名）	零售商	15课	신용	（名）	信用	2课
소문	（名）	传闻	3课	신용도	（名）	信用度	10课
소비자	（名）	消费者	2课	싣다	（动）	装	9课
소비자	（名）	消费者	15课	실	（名）	线	2课
소홀하다	（形）	疏忽	11课	실물	（名）	实物	2课
속도	（名）	速度	7课	실수를 하다	（词组）	失误	1课
손상을 입다	（词组）	受损	14课	실패하다	（动）	失败	10课
손실	（名）	损失	10课	심각하다	（形）	严重	3课
송금	（名）	汇款	12课	쌀쌀하다	（形）	凉	8课
송부	（名）	发送	8课	쌍방향적으로			
송부하다	（动）	邮寄	2课		（副）	双向地	15课
수량	（名）	数量	6课	써랜드	（名）	电放提单	8课
수배하다	（动）	配	7课	쏟다	（动）	倾、倒	10课
수선	（名）	修理	10课	안정성	（名）	安全性	1课
수시	（名）	随时	15课	애로사항	（名）	苦衷、困难	4课
수요자	（名）	需要者	15课	약간	（名）	略微	6课
수익자	（名）	受益人	1课	약관	（名）	条款	14课
수입선	（名）	货源	3课	약속을 지키다			
수입지은행	（名）	开证行	1课		（词组）	遵守约定	1课
수정	（名）	修改	1课	약정하다	（动）	约定	6课
수주	（名）	接受订货	15课	양륙품질조건			
수준	（名）	水平	4课		（名）	卸货质量条件	2课
수화인	（名）	收货人	6课	양보	（名）	让步	12课
순조롭다	（形）	顺利的	13课	양해	（名）	谅解	11课
스케줄	（名）	日程	1课	양해하다	（动）	谅解	13课
스페이스	（名）	空间、舱位	7课	어쩔 수 없이	（副）	无可奈何	4课
습기	（名）	潮气	6课	얼른	（副）	马上	5课
시스템	（名）	系统	15课	여부	（名）	与否	12课
시점	（名）	时期	2课	여유	（名）	宽绰	4课

单词

영수증	（名）	发票	13课	원활하다	（形）	圆满	9课
영업사원	（名）	营销人员	15课	위반하다	（动）	违反	11课
영역	（名）	领域	15课	유가증권	（名）	有价证券	1课
예의	（名）	礼节	13课	유감스럽다	（形）	遗憾	1课
예정	（名）	预定	7课	유도하다	（动）	引导	15课
오르다	（动）	上涨	3课	유지비	（名）	维持费用	15课
오염되다	（动）	被污染	6课	유지시키다	（动）	使……维持	13课
온라인	（名）	在线	15课	유통	（名）	流通	15课
옮기다	（动）	移、转移	9课	유통	（名）	流通	15课
완료되다	（动）	完成	4课	응하다	（动）	答应、应允	11课
완벽하게	（副）	完美地	10课	의무	（名）	义务	9课
완성품	（名）	成品	6课	의문	（名）	疑问	5课
외부	（名）	外部	6课	의미하다	（动）	意味着	15课
요구사항	（名）	要求事项	5课	의사	（名）	意思、意愿	15课
요소	（名）	要素	2课	의심	（名）	怀疑	10课
요청	（名）	要求	13课	이동	（名）	移动	15课
용선	（名）	用船	7课	이루어지다	（动）	形成	15课
용역	（名）	服务	15课	이리	（副）	这边	6课
우선시되다	（动）	放在首位	4课	이미	（副）	已经	1课
우호관계	（名）	友好关系	13课	이상	（名）	异常	13课
운송대행사	（名）	货运代理公司	7课	이성적으로	（副）	理性地	11课
운송서류	（名）	运输单据	1课	이유	（名）	理由	2课
운영비	（名）	经营费用	15课	인민폐	（名）	人民币	3课
운임	（名）	运费	10课	인보이스	（名）	商业发票	8课
운행	（名）	运航	7课	인원	（名）	人员	9课
울퉁불퉁하다				인천항	（名）	仁川港	7课
	（形）	坑坑洼洼	5课	일대일	（名）	一对一	15课
원단	（名）	面料	2课	일부	（名）	一部分	13课
원만하다	（形）	圆满的	12课	일어나다	（动）	发生	11课
원부자재	（名）	原料、辅料	1课	일으키다	（动）	引起	3课
원사	（名）	线	2课	일정	（名）	日程	5课
원산지증명서				일정하다	（形）	固定	4课
	（名）	原产地证明	8课	일치하다	（形）	一致	1课
원재료	（名）	原材料	9课	임대	（名）	租赁	15课
원화	（名）	韩币	3课	입장	（名）	立场	11课

153

商务韩语听说（下）

입찰하다	(动)	投标	15课	제약되다	(动)	被制约、被限制	15课
자금	(名)	资金	13课	제조가공품	(名)	制作加工品	2课
자사	(名)	自己公司	15课	제하다	(动)	去除	12课
자주적이다	(形)	自主的	12课	조건	(名)	条件	1课
잔업	(名)	加班	9课	조기 인도	(名)	提前交货	1课
잘못	(名)	错误、疏忽	8课	조달	(名)	筹措、筹集	15课
장거리	(名)	长距离	14课	조달청	(名)	物资厅	15课
재발생되다	(动)	再次发生	10课	조치를 하다	(词组)	采取措施	10课
재입력	(名)	再次输入	15课	조항	(名)	条款	1课
재촉하다	(动)	催促	13课	주를 이루다	(词组)	形成主流	15课
재화	(名)	商品	15课	주문량	(名)	订货量	4课
적	(依存)	时候	5课	주문명세서	(名)	订货明细单	1课
적화	(名)	载货	14课	주문품	(名)	订货	10课
적히다	(动)	被记录	14课	주의하다	(动)	注意	8课
전달	(名)	转达	13课	줄이다	(动)	缩短、缩小	15课
전량	(名)	全部产量	5课	중고품	(名)	二手货	15课
전력	(名)	电力	9课	중재	(名)	仲裁	12课
전위험담보	(名)	一切险	14课	즉각적이다	(形)	立即的，即时的	15课
전적으로	(副)	完全	11课	즉시	(副)	立即、马上	8课
전혀	(副)	完全	6课	증가	(名)	增加	9课
절감하다	(动)	节俭、减少	15课	증거	(名)	证据	12课
젊다	(形)	年轻	8课	지나치다	(形)	过分的	3课
점	(名)	点	10课	지배하다	(动)	支配	2课
정교하다	(形)	精巧的	2课	지불하다	(动)	支付	12课
정기적이다	(形)	定期的	7课	지연	(名)	延迟	1课
정당성	(名)	正当性	12课	지연되다	(动)	被拖延	8课
정문	(名)	正门	5课	지장을 주다	(词组)	带来障碍	13课
정산하다	(动)	清算	6课	지체되다	(动)	被推迟	8课
정선되다	(动)	被精挑细选	2课	직항선	(名)	直航线	7课
정시	(名)	准时	9课	질기다	(形)	结实	2课
정지가 되다	(词组)	被停止	9课	짜임	(名)	结构	2课
정하다	(动)	定	5课	차이	(名)	差别	7课
제고시키다	(动)	使……提高	15课	착오	(名)	差错	8课
제기하다	(动)	提出	11课	채널	(名)	渠道	15课
제발	(副)	千万	3课	책임을 지다	(词组)	负责任	11课

单词

처리하다	（动）	处理	13课	파손	（名）	损坏	14课
천	（名）	布	2课	파손	（名）	破损	6课
천을 짜다	（词组）	织布	2课	파악	（名）	掌握	15课
철강	（名）	钢铁	2课	파장	（名）	波及效果	3课
철도운송	（名）	铁路运输	7课	판촉	（名）	促销	15课
철저하다	（形）	彻底的	10课	패킹리스트	（名）	箱单	8课
청구	（名）	请、求	10课	팩스	（名）	传真	1课
체크하다	（动）	检查	11课	평가되다	（动）	被评价	2课
초기	（名）	初期	15课	포워딩업체	（名）	货代公司	7课
촉감	（名）	触摸感	2课	포장마크	（名）	唛头	6课
촉박하다	（形）	紧迫	11课	포장명세서	（名）	箱单	8课
촘촘하다	（形）	致密	2课	포착하다	（动）	捕捉	15课
최선을 다하다	（词组）	尽最大努力	1课	폭주하다	（动）	骤增	4课
최종	（名）	最终	5课	표면	（名）	表面	2课
추천하다	（动）	推荐	4课	표준품	（名）	标准品	2课
출고건	（名）	出库品	10课	표준품매매	（名）	标准品买卖	2课
출항하다	（动）	出航	7课	표현	（名）	语言表达	13课
충격	（名）	冲击、冲撞	6课	피하다	（动）	躲避	3课
취향	（名）	爱好	15课	하역	（名）	装卸	6课
측면	（名）	层面	15课	하인	（名）	标志	6课
카톤	（量）	纸箱	6课	하자	（名）	瑕疵，残次	10课
캔슬	（名）	取消	10课	한꺼번에	（副）	一次性	9课
커다랗다	（形）	巨大的	3课	할당하다	（动）	分配	4课
컨테이너선	（名）	集装箱货轮	7课	합격	（名）	合格	6课
타협안	（名）	妥协案	12课	항공기	（名）	飞机	14课
통관	（名）	通关	8课	항공운송	（名）	航空运输	7课
통보하다	（动）	通报	5课	항구	（名）	港口	14课
통상적이다	（形）	通常的	14课	해상	（名）	海上	14课
통신망	（名）	通讯网	15课	해상운송	（名）	海上运输	7课
통일되다	（形）	统一的	2课	해상적하보험	（名）	海上货运保险	14课
통지	（名）	通知	1课	해운	（名）	海运	5课
통지은행	（名）	通知行	1课	해운동맹	（名）	海运同盟	7课
특수	（名）	特殊	2课	행하다	（动）	进行	15课
파괴되다	（动）	被破坏	15课				

商 务 韩 语 听 说 （下）

향상시키다 （动）	使……提高	6课	환적	（名）	转船	9课
허용되다 （动）	被允许	1课	활용하다	（动）	活用	15课
혼동을 하다 （词组）	混淆	8课	황당하다	（形）	荒唐	8课
화물 （名）	货物	6课	회수	（名）	回收	13课
확답 （名）	确切答复	14课	회원	（名）	会员	15课
확대하다 （动）	扩大	15课	회피하다	（动）	回避	10课
확장하다 （动）	扩张	15课	획득	（名）	获得	15课
환불 （名）	退货	12课	훼손되다	（动）	受损	6课
환어음 （名）	汇票	14课				